BITCOIN EN ESPAÑOL

LA GUÍA DEFINITIVA PARA INTRODUCIRTE AL MUNDO DEL BITCOIN, LAS CRIPTOMONEDAS, EL TRADING Y DOMINARLO POR COMPLETO

SEBASTIÁN ANDRES

WB PUBLISHING

COMO UTILIZAR ESTE LIBRO

Primero antes que nada me gustaría darte las gracias por la confianza y por haberme elegido como tu guía para emprender este viaje hacia el mundo de las Criptomonedas. Este libro te ayudara a que entiendas y domines este mundo con el objetivo de obtener una educación financiera excelente a través de la comprensión y el entendimiento a fondo de las Criptomonedas. En este libro iremos de lo más básico a lo más avanzado.

Entendemos que incursionarse hacia el mundo de las Criptomonedas puede ser tedioso y muy lento ya que es mucha la información que debemos comprender y asimilar, generalmente los pioneros en este tipo de tecnologías son las personas que no tienen ningún problema para generar ingresos pasivos por internet ya que tienen algunos conocimientos básicos de este mundillo que los puede ayudar bastante. El objetivo de este libro es que tú también puedas acortar este camino y tener los conocimientos a tiempo para poder aprovecharlos, como bien sabes el mundo de las criptomonedas se mueve muy rápidamente y no puedes perder tiempo.

Esta tecnología llego para quedarse y para darnos a nosotros, las personas comunes y corrientes, mas libertad en el ámbito económico y financiero.

En mi caso personal, una de las cosas que más me ha llamado la atención cuando comencé a interesarme por las Criptomonedas ,allá por el 2011, fue el concepto de libertad al que está relacionado con monedas como Bitcoin, Monero, Dash, Zcash, etc. donde el control de todo el proceso siempre va de la mano del usuario por la privacidad que brindan. No te preocupes, estos conceptos los entenderás mas adelante durante el desarrollo del libro.

En este libro te enseñare los diferentes abordajes hacia las Criptomonedas y la tecnología detrás: comenzando por el concepto actual del dinero hasta el Blockchain, el porque funciona, cuál es el secreto detrás y también vamos a derribar algunos mitos relacionados con algunos conceptos.

El objetivo de este libro es enseñarte a tener una noción más completa y compleja sobre las Criptomonedas, desde los conceptos más básicos como el saber cómo funciona todo, el cómo encajan las piezas a lo más avanzado.

También me he tomado el tiempo de recomendarte algunos recursos para que puedas comenzar con el pie derecho. **Ten en cuenta que muchos de estos links son enlaces de afiliado, por lo que recibirás algunos descuentos y/o beneficios al utilizar el link recomendado, sin ningún costo alguno para ti. Por esto mismo aprovéchalo.**

Escribi este libro no solo informarte del mundo de las criptas sino, para motivarte también, a dar ese paso que tanto te cuesta y tomar acción, es por esto que quiero pedirte una cosa, no te rindas a lo largo de este libro, sigue bajo tu propio riesgo los consejos, te prometo que al terminar este libro y aplicar paso por paso mis consejos y enseñanzas vas a lograr comprender mejor este mundillo y de acuerdo a tu accionar personal lograr la libertad financiera o también apoyar esta iniciativa que nos da el poder a nosotros los ciudadanos frente al sistema financiero actual que está demasiado manipulado y hace rico a unos pocos.

Nuevamente, Muchas gracias por adquirir este libro, espero que lo disfrutes.

SOBRE MI

Saludos, mi nombre es Sebastian Andres , soy un emprendedor, escritor y viajero del mundo. Entusiasta de las Criptomonedas desde 2011 cuando comencé a interesarme por ese mundillo. Me siento extremadamente bendecido por haber nacido en esta época, y poder vivencias el crecimiento de estas tecnologías como el internet y las criptomonedas.

Durante más de 10 años me he enfocado en desarrollar varios negocios en internet, los cuales me enseñaron a desarrollar mis propias estrategias y métodos para lograr generar ingresos pasivos. Las Criptomonedas fue uno de ellos y así fue que alcance la libertad financiera.

El propósito de mis libros, mas específicamente de la colección "Criptomonedas en Español" (en los cuales llevo la información mas actual y fiable de las criptomonedas del ingles al español, si te interesa puedes buscar los otros libros de esta colección, en los cuales abordamos otras criptos) es que sean una fuente de inspiración para ti y generar un cambio en aquellos que no se conforman con lo establecido y saben que pueden dar más, que pueden generar un cambio positivo en sus vidas y llegar a diseñar ese estilo de vida que tanto quieren.

Estoy confiado que esta información te ayudara a terminar de dar ese empuje y meterte a las criptomonedas de lleno.

UN REGALO PARA TI

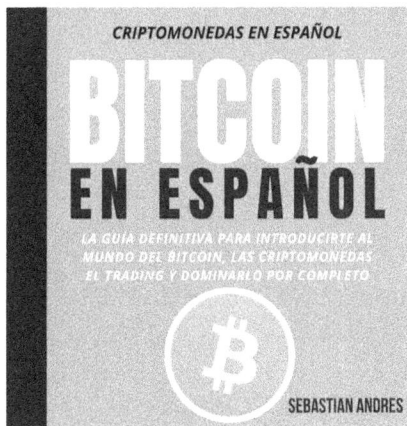

Querido lector, la colección de libros "Criptomonedas en Español" no solo tiene versiones en ebook, tapa blanda (paperback) y tapa dura (hardback) sino que también esta disponible una version en audiolibro, muchas veces no tenemos tiempo para sentarnos y leer por el ajetreo del día a día por lo que esta version es mas cómoda para ti.

Si deseas la version en audiolibro de esta colección, puedes escanear el siguiente código QR con tu móvil/smartphone y obtenerlo de forma gratuita:

¡Qué lo disfrutes!

COLECCIÓN CRIPTOMONEDAS EN ESPAÑOL

Este libro forma parte de la colección *"Criptomonedas en Español"* en donde queremos trasmitirte toda la educación e información actual en base a las criptomonedas mas cotizadas y conocidas.

- El volumen 1 esta comprendido por el Libro: **Bitcoin en Español.**
- El volumen 2: **Ethereum en Español.**
- El volumen 3: **Dogecoin en Español.**
- El volumen 4: **Cardano ADA en Español**

Donde revisamos y te damos toda la información que necesitas saber para conocer mas acerca de esta criptomoneda y su asombroso futuro en el area de las finanzas.

IMPORTANTE
ADVERTENCIA

La inversión en mercados financieros como las Criptomonedas y otros activos puede llevar a pérdidas de dinero. El propósito de este libro es solamente educativo y no representa una recomendación de inversión, para ello ya existen muchos profesionales en el area que pueden ayudarte. Procede con cautela, bajo tu propio riesgo y recuerda, nunca inviertas más de lo que estés dispuesto a perder.

Al continuar leyendo este libro aceptas esta Advertencia.

ÍNDICE

EL VERDADERO CONCEPTO ACTUAL DEL DINERO

Los secretos del dinero

El dinero es aquel que forma un conjunto de activos dentro de una determinada actividad social cultural: La economía, dentro de la cual; las personas están totalmente convencidas y dispuestas a utilizarlo como medio o recurso de pago para comprar, adquirir y vender bienes, productos y servicios.

El individuo interpreta y entiende que el dinero es ese algo que le ayuda y le permite obtener lo que necesita, requiere y desea, aunque está claro que el dinero es mucho más que una pieza de confianza y valor capaz de permitir negociaciones a diversidad de niveles y estratos sociales, personales y empresariales, entre muchos.

Cabe dar al dinero el concepto de todo bien o activo, ampliamente aceptado como recurso o medio de pago por los personajes y agentes económicos protagonistas y participantes de dichos intercambios o negociaciones en la comercialización propiamente dicha.

El dinero es aquel recurso que, a través de sus distintas presentaciones en moneda, billetes, tarjetas, etc.; sigue permitiendo y facilitando la existencia del intercambio de un recurso por un bien, la posibilidad de satisfacer necesidades y solventar requerimientos que demanden ser entregados a cambio de recibir una paga por ello. El dinero se ha convertido también en un depósito de valores que aprueba la capitalización por medio del ahorro, además de ser un elemento de fácil manejo, transporte y almacenamiento, aspecto por demás importante.

Como concepto general, el dinero es el conjunto de activos dentro de una economía, aceptado regularmente por las personas dispuestas a utilizar el mismo como estructura de pago en el proceso compraventa.

Hablando un poco más sobre el dinero, agreguemos que este se asocia inmediatamente con billetes en papel impreso y monedas acuñadas de curso legal en para los Estados y que en la práctica todos estamos dispuestos a aceptar como forma de pago, convencidos que posee un valor a través del cual se efectúan compras y ventas, un bien material que juega un rol de interés en la vida cotidiana de la sociedad. También lo manejamos a través de tarjetas de débito (prepago), tarjetas de créditos y en algunos casos con cheques.

Las definiciones sobre el dinero pueden ser variadas, diversas y de muy largo alcance. En tal sentido, podríamos entender por dinero a cualquier elemento aquellos quienes conformen una comunidad o sociedad estén dispuestos y en acuerdo a aceptar como forma de pago por bienes, servicios o deudas.

No obstante, todos estamos desde siempre muy familiarizados y relacionados con los billetes y las monedas, con las tarjetas y los cheques; también conocido como dinero efectivo o circulante legal, con los cuales concretas o cerrar la compra o pagar a cambio de algo hacia una persona o negocio, restaurantes, tienda, transporte, etc. Es por ello que también se puede acotar la definición a una más habitual, para decir que el dinero es un bien o activo general abiertamente aceptado como medio o recurso de pago que es utilizado por una comunidad.

Sin embargo, sigue existiendo otra modalidad o tipo de dinero muy importante y atractivo y es el dinero efectivo o por transferencias, que las personas (clientes) depositan en los bancos. En efecto, si el depósito realizado va dirigido a una cuenta corriente, la compra podría pagarse directamente y por medio de cheques (si aplica en el país) personales con una tarjeta de débito, reemplazando de esta forma el dinero efectivo con la comodidad de mantenerlo almacenado en la entidad financiera.

De esta forma, las monedas y los billetes más los depósitos efectuados directamente en los bancos son los elementos que constituyen y representan el concepto más básico y más elemental del dinero cuando es entendido como un medio de pago.

Dinero, el medio legal utilizado por la sociedad para ser intercambiado un producto o servicio. Un recurso material por medio del cual también son remuneradas o compensadas las actividades laborales y jornadas representadas por el trabajo. Una referencia de medida para efectuar transacciones y operaciones económicas y financieras. El dinero facilita el intercambio de productos y mercancías, representa el valor de los bienes, y que los sectores económicos de las regiones regulan para definir la cantidad de dinero que debe circular en un país.

Muchos países poseen su propia moneda el cual representa el poder adquisitivo real de la población, sin embargo y muy a pesar de esto, a nivel internacional existen monedas como es el caso dólar estadounidense USD$, la libra £ y el euro €, monedas que son aceptadas para la compra o realización de negociaciones fuera de sus zonas de curso legal o desde donde son originarias por casi todo el mundo.

El dólar permite a varios países en el mundo, efectuar pagos y adquirir lo que se necesite comprar fuera de los Estados Unidos, a este hecho se le conoce como dolarización, y generalmente ocurre en los países con monedas débiles, manteniendo igualmente la circulación y uso de su moneda legal o propia, con la idea de llevar y mantener para tener un control sobre las emisiones de dinero. Aunque también y por razones más positivas como el turismo el euro, la libra y el dólar USD son protagonistas de operaciones comerciales. Actualmente el Yuan esta ingresando al mercado como moneda corriente.

Un ejemplo bastante interesante a citar es el del euro €, moneda que por decreto fue implantado como moneda oficial para 11 países de la Comunidad Económica Europea el 1 de enero de 1999, circulando legalmente en Alemania, Austria, Bélgica, España, Finlandia, Grecia, Irlanda, Italia, Luxemburgo, Países Bajos y Portugal; y que a la fecha ha logrado posicionarse como una de las monedas de mayor aceptación a nivel internacional.

Para la mayor parte de los países el papel moneda, sobre el cual se imprimen los billetes o metales para acuñar monedas, y que circula en un país; guarda estrecha relación a un metal noble como el oro que es su respaldo, sin embargo, las políticas monetarias y económicas globales han cambiado y el respaldo que este tiene hoy día es mediante divisas, valores estatales o internacionales, esto es lo que favorece la inflación.

¿Cómo definimos el dinero?

Conforme a la noción que acabamos de ver sobre qué es el dinero en párrafos anteriores, podemos definir el mismo como todo activo o bien, amplia y generalmente aceptado en sociedad como medio de pago y de cobro para efectuar de manera satisfactoria las transacciones susceptibles dentro de una determinada acción o movimiento económico. Pudiésemos decir, además, que el dinero es ese elemento que se convierte prácticamente en indispensable para la vida cotidiana del ser humano, dado que este cumple funciones habitualmente insustituibles por cualquier otro proceso o método conocido en la actualidad.

También es aceptable y válido puntualizar de manera muy sencilla, precisa y rápida, que el dinero es aquel recurso material ilustrativamente representado por billetes, monedas y otros, los cuales son utilizados por los individuos para dar cumplimiento a sus compromisos de pago, y que su contraparte recibe como garantía aceptable de la negociación efectuada, estando ambos de acuerdo y conformes con lo pagado y lo entregado.

El dinero, desde el punto de vista tangible, es un elemento que brinda a la sociedad, la facilidad de procesar trámites comerciales de forma expedita, rápida y confiable, es un recurso potencial, capitalizador, representativo; respaldo personal y empresarial sustentable de base y valor. Un aval de importancia dentro una muy variada gama de actos de intercambios operativos en el ámbito de las ciencias económicas.

En líneas y términos económicos-comerciales generales, cabe destacar de manera muy sencilla que, el dinero es todo aquello capaz de ser utilizado por el hombre y la sociedad, como un medio factible de intercambio y liquidación a cambio productos, servicios, bienes u otro tipo de obligaciones o compromiso de pago.

Como ya hemos visto, encontramos y disponemos de dinero en formatos de monedas; tal como desde sus orígenes y veremos más adelante, en billetes o papel moneda a partir del siglo XIX. También electrónico, algo más actual y que desarrollaremos detenidamente, a través de documentos y mediante tarjetas o dinero plástico, todo en pro a agilizar operaciones comerciales con alto grado de confiabilidad, fáciles y efectivas de realizar. Dinero, un elemento que viaja entre manos, imponiendo un valor número a aquello que se necesita o desea adquirir.

El dinero a través de los años

Breve historia del dinero hasta el día de hoy.

Para dar inicio a un viaje histórico fascinante sobre el origen y la evolución del dinero, recordemos la grande e importante función que este tiene en nuestra sociedad. Tengamos presente pues, que el dinero es todo activo aceptado como medio de pago. El dinero con todas sus variantes y cómo lo conocemos en la modernidad, surge por la escasa efectividad e insatisfacción que el trueque, una práctica iniciada en la época del neolítico por los primeros asentamientos humanos; venía generando.

En los primeros momentos de las comunidades humanas, era prácticamente inexistente el excedente o la demasía del más valioso recurso para entonces: La comida. Nuestros primitivos habitantes se dedicaban a la caza exclusivamente para alimentarse y de esta manera ver satisfechas sus necesidades inmediatas y mantenerse enérgicos.

Dadas las circunstancias existenciales del momento y el hecho de garantizar la vida proveyendo a sus comunidades de la comida necesaria, en una fecha no precisa para la historia; se comenzaron a almacenar y conservar alimentos para así consumirlos de forma programada sin que se dañaran y sin que les faltara. Su estilo de vida nómada les hacía movilizarse de un lugar a otro en busca de un espacio apropiado para la caza, recolección, buscando víveres y refugios cada vez mejores.

La penuria realmente apremiante surgió en el neolítico (10000 a.C. y 7000 a.C.), fecha en la cual el nivel demográfico venía en aumento, situación que obligó al hombre de esta era a desarrollar y ejecutar nuevos y múltiples medios de sustento para su gente, dando origen a la agricultura y ganadería, siendo imperativo el almacenamiento de grandes cantidades de alimentos para los períodos de escasez.

También y como equilibrio natural se daban períodos de buenas cosechas; así los excedentes de estos tiempos se intercambiaban por otros productos de comunidades distantes, dando de esta forma el surgimiento del comercio. Para conservar estos bienes alimentarios, eran puestas en práctica técnicas como el salado, secado, curado y ahumado; de acuerdo a la zona geográfica eran utilizadas unas u otras estrategias. En la región de África se utilizaba el secado, en Europa del Norte el ahumado y en zonas costeras, la salazón. Así, campañas de mercadería eran comercializadoras mediante el intercambio, pagando con un producto la adquisición de otro: Trueque.

Con el transcurrir del tiempo, el trueque también se vio afectado negativamente como procedimiento comercial. En este intercambio era necesario ubicar, por ejemplo, a una persona interesada en adquirir pieles y que esta a su vez ofreciera vino; o establecer un valor equitativo entre cierta cantidad de trigo por lana. El trueque no contaba con la facultad de establecer un costo proporcional en los productos; por ejemplo, si un camello podría tener el mismo valor de una vaca o si carne y pescado podrían ser negociados ambos por igual.

Para dar una solución apropiada a esta situación, se estableció el valor de un producto como punto referencial, un producto que fuese capaz de ser útil y regulador ante los intercambios. Para ello fueron utilizados el ganado o el trigo. Estos elementos fueron evolucionando conforme a los requerimientos del mercado, migrando a otros más fáciles de manejar y trasladar; como lo fueron el oro, la plata y bolsas de sal. Muy puntualmente la sal fue la predilecta, incluso para cumplir una resultante función para concretar pagos por el trabajo realizado, dando de esta manera origen a la palabra "salario". Aquello que se recibe como sueldo o paga por la ejecución de una labor específica cumplida.

Mediante el trueque, o intercambio de un bien, producto o servicio a cambio de "un algo" que representara valor relativo; eran efectuadas las primeras negociaciones y antiguas operaciones de compra y venta. Conforme fueron transcurriendo los años y comenzaron a surgir los primeros inconvenientes y dificultades con el trueque, surgió una nueva alternativa: el dinero y con él, el manejo de las primeras monedas; lo cual representó una solución ideal, efectiva y puntual para el momento.

El origen del dinero se ubica en el siglo VIII y la utilización de las primeras monedas en el siglo V. Antiguamente eran recursos de valor ciertos alimentos como el té, cacao y sal; ganado, telas y otros productos representativos y apropiados para formalizar la negociación, hasta que surge en Lidia, una región de Asia, por parte del rey Argos, la propuesta de crear la moneda mediante una aleación de plata y oro, medidos y pesados para dar proximidad al intercambio. Así sería reemplazado el pago con animales, alimentos u otros productos. Cabe destacar que para el año 1000 a.C., en China ya eran acuñadas las primeras monedas en bronce, oro y plata con formas de espadas y cuchillos.

Muchas exposiciones e historias sobre las primeras monedas o billetes aparecidos en él son relatadas en la actualidad, y todas por igual son respetadas y valoradas. A este respecto se ha dicho y se demuestra que las primeras monedas aparecieron en Turquía, estás estaban conformadas por una aleación de oro y plata, siendo estos los metales preciosos más valiosos.

También por su parte, Grecia tomó como una tradición y costumbre fabricar sus propias monedas con el emblema de la localidad que las realizaba, la utilización de los billetes fue implementada por el emperador mongol Kublai Khan (28 SEP 1215-18 FEB 1294) quien certificaba la cantidad de oro en existencia ante un banco. Ya para finales del siglo XVI y debido a la gran popularidad que había sobre los billetes, los bancos comenzaron a producirlos en grandes cantidades desde el año 1694.

El dinero surgió y como tal fue apareciendo en muchas áreas del mundo y en tiempos históricamente distintos, esta aparición no sólo respondía a razones económicas sino también a motivaciones y situaciones políticas, religiosas y sociales, como por ejemplo el hecho comprar una esposa, pagar dote al novio, presentar ofrendas a los dioses o pagar impuestos al gobierno.

Es una propensión de los humanos intercambiar cosas con el propósito de atender carestías que no han sido solucionadas, en muchas comunidades se han tomado de la naturaleza ciertos objetos para ser intercambiados, los más comunes; el arroz, las conchas, discos de piedra caliza, discos metálicos y dientes de perro, entre muchos otros.

Comienzan a circular entonces de esta forma las primeras monedas, convirtiéndose en pieza imprescindible dentro de la actividad comercial. Producto de ello y su rápida expansión, Alejandro Magno se convierte en el primero en insertar su imagen en las monedas de entonces, ayudando con ello a expandir esta modalidad en el manejo del dinero.

Con el paso del tiempo, a cada medida de peso se le fue asignado un nombre, dando así lugar a diversas denominaciones. Un ejemplo interesante ocurre con los siguientes nombres: *As* y *Denario romano,* este último es el que dio origen a la palabra dinero. Es de esta manera, como poco a poco se establece y expande en todo el mundo el concepto y utilización del dinero.

Como se ha visto, el dinero físico; como es conocido en la actualidad también tuvo sus cambios y su evolución, pasando de monedas al papel moneda, representado por billetes; nacimiento que se dio con la aparición de la banca, pero no sería hasta el siglo XIX cuando las monedas en metal perderían su supremacía. Para entonces se abandona el formato de oro y plata para dar paso a otros metales y aparecen formalmente y circulan de manera legal representaciones formales en billetes avalados y respaldados por el Estado del país que diera a sus negociaciones una amplitud en la tenencia y manejo propio del dinero.

Existió un patrón dentro del sistema monetario que dominó desde el siglo XIX, el oro; por el cual el valor unitario de la moneda era establecido a partir de una determinada cantidad de este metal precioso. En el año 1944, según acuerdos y resoluciones de la conferencia monetaria y financiera de las Naciones Unidas, en Bretton Woods (Newphire, Estados Unidos), entre el 1 y 22 de julio; el sistema monetario experimentó un importante cambio con la predominancia de dos grandes y protagonistas referencias en la economía del momento: el dólar y el oro.

Es de esta manera, como se determinó la convertibilidad de la divisa estadounidense con el oro, quedando en 35 dólares por 1 onza de oro y del resto de las divisas conforme al dólar. En el año 1971, Richard Nixon, presidente de los Estados Unidos, declaró el final del patrón oro, dando inicio a la fluctuación de las divisas.

La dinámica socio-económica de la humanidad ha experimentado importantes y constantes cambios en toda su existencia, y es así como continúan surgiendo alternativas que solo buscan simplificar las operaciones de intercambios y pagos tangibles por opciones, quizás abstractas representadas por *Dinero Plástico* y *Dinero Electrónico.*

El primero, dinero plástico; conformado por un patrón representado por grupos de tarjetas de crédito y débito o pre-pagadas emitidas por el sistema bancario como sustitutos del dinero físico, en efectivo. Este debe su nombre al material con el cual son elaboradas y confeccionadas las tarjetas. En la actualidad gozan de amplia difusión y aceptación a nivel mundial.

El segundo vio la luz en Japón para el año 2001 por las grandes cantidades de dinero físico que habría que manipular para el pago del transporte público, dando paso a la creación de tarjetas recargables, y gracias a las transiciones del papel moneda al plástico y las operaciones o servicios bancarios como depósitos y transferencias en la banca. El dinero electrónico es visto desde hace algunos años como el responsable de la desaparición del dinero físico, de no ser así; sería entonces un recurso adicional dentro del sistema económico como es conocido y manejado actualmente.

Desde entonces convivimos con la utilización de diversas formas de manejar el dinero por las diferentes economías mundiales, el conocido sistema fiduciario, en el cual el dinero no cuenta con un valor intrínseco, estando acondicionado al control y emisión por parte de la banca central de los países, como por otras corporaciones supranacionales entre las cuales mencionamos el Banco Central Europeo para las comunidades que constituyen la eurozona. Así, el dinero representado en papel, monedas o digital, no cuenta actualmente con respaldo en metales preciosos, su valor fiduciario se basa y reposa estrictamente en la confianza que le otorgue el individuo, reconociendo que este será aceptado como un medio de pago seguro por sus participantes.

Si el dinero no gozara de esa confianza mutua y la aceptación en sociedad, las monedas y billetes que hoy día utilizamos en la negociación de nuestra actividad comercial; no serían más que simples fichas en papel sin ningún tipo de valor, a excepción de las monedas que según el metal con el cual fueron elaboradas, tendrían un valor de acuerdo a su peso.

Actualmente las sociedades cuentan con diversas y variadas formas de pago como los cheques, tarjetas de crédito, tarjetas pre-pagadas y transferencias electrónicas; las sirven para facilitar los procesos y trámites para la obtención de bienes y servicios sin necesidad de tener que transportar ni llevar el dinero en efectivo consigo a cada momento. Las tarjetas de débito o pre-pagadas también facilitan los pagos en comercios, tiendas y restaurantes a través de los puntos de venta y permiten el retiro de dinero en efectivo a través de los cajeros automáticos de las diversas redes interbancarias.

Es muy posible que en un futuro muy cercano y a corto plazo, gracias a la evolución de la tecnología, el dinero ya sea electrónico, el cual podría ser usado de forma anónimamente desde internet o en un centro operativo a través de microchip.

El dinero Fiat y el valor intrínseco

Estimado lector, probablemente antes de retomar la presente lectura realizaste alguna compra o tal vez organizaste tu billetera, manipulaste dinero; algunas monedas o billetes. Ahora bien, ¿Te habrás preguntado en algún momento, ¿qué es realmente ese dinero que tienes a la mano o está depositado en tu cuenta bancaria?, ¿Sabes qué tipo de dinero es?, pues bien, se trata de dinero conocido con el calificativo fiat, que, traducido del latín al español, significa "hágase" o "que así sea".

El dinero recibe este nombre, porque ha sido dado mediante decreto, orden e imposición de la máxima autoridad que gobierna o rige un país. Ese dinero que a diario manejamos, no podrá en ningún momento ser cambiado por oro ni por plata, lo podrá comprar, más no canjearlo; ya que el mismo y como tal no tiene valor que le permita semejante equidad.

En nuestro mundo solo existe el dinero fiat, y retomando un poco la historia reciente, es de resaltar que este giro se dio a partir de 1971, cuando Estados Unidos rompió el patrón oro. Quizás te preguntes por qué sucedió esto. A partir del período gubernamental del presidente francés Charles de Gaulle (1959-1969) y hasta 1970 con Georges Pompidou como presidente; Francia se dedicó a cambiar por oro de la Reserva Federal estadounidense, todos los dólares que circulaban y existían en el país.

Esto generó una baja extrema en las reservas de oro de los

Estados Unidos y una pérdida de la influencia ejercida por el dólar en el extranjero, pues la nación entregaba su oro y a cambio recibía su moneda de vuelta. Aunado a esta estrategia ejecutada por Francia, el gobierno del presidente Richard Nixon, registraba un alto endeudamiento producto de la Guerra con Vietnam, y es así como el 15 de agosto de 1971, Nixon toma la decisión de derogar la convertibilidad del dólar, cerrando las puertas al patrón oro a nivel mundial.

A partir de entonces el dinero que circula deja de tener el respaldo y el valor atesorado dado por el gobierno que lo imprime, y pasa a ser de fiduciario a fiat, dinero sin respaldo tangible, simplemente dinero con valor atribuido por convenio. Por encima de todo lo reseñado, hechos históricos, decretos y determinaciones económicas de las naciones, el dinero continúa moviendo al mundo, muy a pesar de ser fiat; pero, ¿Por qué el dinero tiene valor? Sencillo y en una sola palabra, el dinero que utilizamos a diario goza de "confianza", pues el papel moneda y metal que usamos todos los días y prácticamente en todo el mundo es moneda fiduciaria y no tiene ningún tipo de valor intrínseco.

Definiendo, podemos decir que el valor intrínseco del dinero conformado por papel moneda o moneda fiduciaria, es el conglomerado del valor representado por elementos esenciales que lo componen: papel, tinta y confianza, indiscutiblemente. Si llegara un momento en el cual el individuo perdiera la confianza total en el dinero, nos quedaría solo una representación impresa en un trozo de papel con tinta con valor igual a cero.

¿Y las monedas físicas?, a diferencia de los billetes impresos, las monedas si poseen un valor intrínseco y este viene representado por el peso del metal con el cual han sido acuñadas, sin embargo, estas monedas físicas circulantes son tan perecederas comparadas con el papel moneda, dinero electrónico o bancario, que su impacto en el sistema bancario actual es prácticamente irrelevante.

Realmente esto significa que el euro, el dólar, la libra, el yen, etc., al no tener respaldo por algo verdaderamente tangible como el oro o la plata, son nomenclaturas de monedas sencillamente impresas en papel, en las cuales todos creemos por convicción, dándole a través de la confianza un valor fiduciario.

Entre las más grandes contrariedades y problemas que origina la falta de valor intrínseco en el dinero, es poseer la elaboración de la moneda bajo control total, ya que al no contar con un elemento que funja como anclaje, la tendencia de este tipo de moneda es de carácter inflacionario.

Dejemos en claro entonces dos importantes conceptos sobre tipos de dinero que hemos visto:

- **Fiduciario:** Es el que se respalda en la confianza y fe puesta en el dinero por parte de la sociedad, este no viene resguardado o está amparado por metales preciosos ni otra cosa que sea la exclusiva garantía de pago por parte del organismo emisor. Una moneda fiduciaria es una divisa nacional que no se encuentra asociada al precio de alguna materia prima de comercialización mundial como el oro y la plata.
- **Fiat:** Es el dinero por decreto, diferenciándose del anterior debido a su imposición gubernamental otorgándole el carácter de moneda de curso legal y es utilizado en grandes cantidades por gobiernos e instituciones internacionales como parte de sus reservas internacionales, utilizándolo también como la moneda referencial para establecer precios de bienes comercializados a nivel global internacional como el petróleo y el oro entre muchos otros.
- **Algunos modelos de monedas fiat:** El dólar estadounidense, el euro, el yen y demás monedas principales de reserva como el marco alemán, la libra esterlina, el franco francés y el franco suizo.

Gracias al dinero pueden ser satisfechas nuestras necesidades, gustos, placeres y negociaciones; sin embargo, conviene tener en cuenta y muy presente que el dinero usado habitualmente no tiene valor intrínseco, vale la confianza que en él se tiene. En el momento menos pensado y como ha sido demostrado históricamente, este pasará a ser un simple trozo de papel. Será conveniente disponer solo del dinero que sea necesario para gastos corrientes, el restante vale invertirlo en bienes tangibles.

Reforcemos un poco el concepto básico de este apartado sobre el dinero fiat, Este tipo de dinero, que ya fue utilizado en la China del Siglo XI con la Dinastía Ming, es dinero que por sí mismo no tiene ningún tipo de valor y que tampoco goza ni está respaldado por reservas en metales preciosos como el oro o la plata de su entidad financiera emisora, su valor existe simplemente porque ha sido decretado como dinero y porque las autoridades, por medio de sus leyes dice que es dinero y tiene ese valor.

Con la aparición del dinero fiat, se corrigen estos problemas que hemos expuesto y que representa el dinero fiduciario: la entidad financiera o banco emisor ya no está en la obligación de entregar oro ni plata a cambio de sus billetes y monedas, y la cotización de su moneda ya no depende del valor de su oro, a pesar de que sigue siendo viable, de alguna manera; seguir utilizando el oro de manera parecida a como se utiliza el dinero.

Esta es la razón por la cual, la mayor cantidad de países alrededor del mundo fueron adoptando este sistema a lo largo del Siglo XX, convirtiéndose en universal a partir del momento cuando el dólar estadounidense abandonó el patrón del oro en 1971. Actualmente ya no existe mencionado dinero fiduciario, todo el dinero que conocemos y circula en el mundo, es dinero fiat.

Ahora bien, que el dinero fiat no esté respaldado por las reservas de oro del país no significa que no esté respaldado por nada. Aunque desde el punto de vista oficial e institucional este dinero tiene valor porque la ley dice que vale y así lo establece; su valor sigue dependiendo de la confianza y de que la gente le deposite confianza y siga creyendo o confiando en aceptarlo como medio de pago y su moneda oficial de curso legal.

Con seguridad podemos afirmar y decir que el respaldo que tiene una moneda moderna está en la economía propia del país que la emite. Un país se hace rico y próspero con una economía saneada, y así logrará tener una moneda fuerte que sea bien recibida y aceptada de manos abiertas en el mercado; en caso contrario, será imposible.

El dinero digital y cómo llegamos a él

Primero compartamos una definición breve y universal sobre qué es el dinero digital: Un recurso para el intercambio comercial de manera electrónica, no manual ni física; permitiendo transacciones y transferencias inmediatas sin importar distancias ni horarios, incluso tipo específico de moneda.

Desde tiempos muy recientes existen también las ya mundialmente conocidas monedas virtuales, como las criptomonedas; un tipo de moneda digital válida prácticamente en el mundo entero para todo tipo de operaciones bancarias y comerciales. Desde grandes corporaciones hasta a nivel personal, efectuamos compras y pagamos con dinero digital, un abstracto si bien cabe el término; pues en la gran mayoría de los casos solo veremos un número reflejado en el estado de cuenta, sin tener una sola de estas monedas a la mano.

El dinero digital o también moneda digital, moneda virtual, divisa virtual, dinero virtual o dinero electrónico; no conoce de fronteras ni límites geográficos, tampoco está sujeto a una condición centralizadora. Este, el dinero digital; posee condiciones y propiedades similares o afines con las monedas físicas solo por su aceptación, disponibilidad operativa y de negociación.

Las monedas y las criptomonedas, representan tipos de monedas digitales y su conversión es incorrecta. A la par con el dinero tradicional, estas monedas fungen de igual utilidad al momento de adquirir bienes, productos o servicios, aunque pueden estar sujetas a restricción por algún tipo de comunidad, servicios en línea o redes sociales.

Algunas monedas digitales como el Bitcoin, se caracterizan por ser monedas descentralizadas, ya que no existe ningún tipo de intervención, control, ente supervisor o punto neurálgico que controle su emisión, oferta o movimiento; su valor se almacena en un soporte electrónico.

El dinero electrónico está inmerso en cualquier sistema o método de pago que implique la utilización de recursos a través de medios digitales. De ellos participan las tarjetas de débito, tarjetas de crédito y monederos electrónicos, entre muchos otros. Todos estos elementos de pago demandan la utilización de software computarizado, al igual que hardware en ciertos casos y conexión a internet para lograr realizar sus transacciones.

Nos estamos refiriendo a un concepto específico de dinero expresado en bits (unidad mínima de información computarizada). Se trata de un medio de pago que carece de unidad física, realizando sus operaciones por medio del intercambio de bits, sin manejo de billetes, monedas, tarjetas o cualquier otro recurso convencional. Motivado a ello, también encontraremos otros tipos de denominaciones, tales como; e-money, cyber-currency o digital-cash.

Las nuevas tendencias del mercado, sus exigencias, requerimientos y soluciones más expeditas, formaron un cúmulo de variantes que demandaban a las diversas economías y movimientos monetarios del planeta; una forma más universal, práctica y de valor; al alcance de un click. Gracias a las crecientes novedades tecnológicas, se formalizan operaciones a todo nivel bajo este formato del dinero. Ahora bien, veamos un poco más de historia y cómo es que hoy día hemos llegado o ha llegado a nosotros el dinero digital.

En el año 1440 Johannes Gensfleisch zur Laden zum Gutenberg, mejor y más conocido como Johannes Gutenberg, inventa la imprenta y paradójicamente aparecieron de inmediato regulaciones de todo tipo para imprimir libros, las cuales constituían pena capital en algunos países. ¿Por qué esta referencia?

La constitución de los Estados Unidos, prohíbe a sus ciudadanos emitir o acuñar su propia moneda y a su vez, competir con el dólar. Sin embargo, en 1998 Bernard von NotHaus crea su propia moneda Liberty Dollar (Dólar Libre ALD), disponible en oro, plata y platino con valor superior a cinco centavos de dólar y similares a esta. El 18 de marzo de 2011 es declarado culpable de cometer "terrorismo doméstico" y fabricar monedas falsificadas que buscarían perder la confianza en el dólar tradicional.

Actualmente Von NotHaus se encuentra bajo arresto domiciliario, en espera de una posible condena que podría estar cerca de los 20 años de prisión, por el crimen de hacer su propio dinero.

Años más tarde, en una convención de hackers efectuada en Holanda, uno de los participantes, identificado bajo el seudónimo de Satoshi Nakamoto establece contacto con Bernard von NotHaus y le manifiesta su gran admiración por tal hazaña, haciéndole saber que este era su inspirador para crear una nueva moneda.

Mucho se habla de cuál o tal es la primera moneda digital, mientras que, en los bancos del mundo, y por años; se crea dinero digital constantemente, el cual no existe ni en oro, ni en papel, ni en monedas; sólo en cifras y números en una cuenta bancaria "digital".

Hagamos un fácil, realista y práctico ejercicio matemático. Cuando un ahorrista efectúa un depósito de 1000 dólares en su cuenta bancaria, la entidad se quedará con una parte de su dinero y prestará el restante, sin embargo, en su cuenta, el cliente seguirá disponiendo y contando con sus 1000 dólares que en realidad no los tiene. Este es un claro ejemplo de que el banco ha creado y ha generado más de 900 dólares digitales a partir de un depósito por cada 1000 dólares que realiza un ahorrista. Compramos y pagamos con cifras abstractas de un capital que solo figura en dígitos.

Para ubicarnos en un claro ejemplo de cómo llegamos al dinero digital, vayamos a mediados del siglo XX cuando surge la primera tarjeta de crédito creada por Frank McNamara a través de Diner´s Club. Dando por sentado que el dinero en papel ya pasaría a otro plano de importancia, y que en pocos años; más de la mitad de sus clientes y un altísimo número de habitantes norteamericanos tendría en su poder, una tarjeta de crédito.

En 2009, el Dow sufrió una caída estrepitosa mientras que Wall Street se convertía en toda una pesadilla; producto de la desconfianza en la banca, los gobiernos e inseguridad en el dinero centralizado. En ese justo momento es publicado un white paper que describe el protocolo Bitcoin y, a pesar de que su creador figura en el anonimato; son muchos los individuos que dan su aprobación para que este proceda y se ponga en marcha.

Así pues, entre novedades, tendencias, requerimientos, necesidades, debilidades y fortalezas del dinero en distintos formatos; con sus dinámicas cambiantes en todas las sociedades del mundo, frente a las debilidades y oportunidades en todas sus prácticas y exigencias en la operación de la venta, compra y pago; llega a nuestras "manos" y a nuestros computadores y dispositivos móviles, en torno a la tecnología del momento, un recurso de valor: El dinero digital, confiable, seguro, vigente y activo para la fácil e inmediata negociación. Una nueva manera de mover el dinero y capitalizar de alguna u otra manera.

Como Gutenberg, von NotHaus y muchos otros, los gobiernos imponen sanciones a todos aquellos que consideran un riesgo universal con sus creaciones en invenciones; sin embargo, la historia es la que finalmente se encarga de dictar sentencia final y determinante. La imprenta Gutenberg se mantiene y se ha convertido, cinco siglos después; en uno de los inventos más revolucionarios a favor de la humanidad. 22 años después de haber visto creada su propia moneda, NotHaus es condenado y puesto bajo arresto, mientras otros emprendedores hacen lo propio tomando a este personaje como inspiración. Así pues, un breve repaso de cómo surgió el dinero digital y cómo llegamos a él.

Tengamos en cuenta que el dinero es todo activo o bien universalmente admitido como un medio de pago por los actores económicos y participantes cambiarios válido para sus negociaciones, cumpliendo una función básica y fundamental como unidad de cuenta y depósito de valor. Existen diversos tipos y formatos de dinero manejo de él, a saber y recordar; monedas, billetes, tarjetas de débito, tarjetas de crédito, movimientos electrónicos, criptomonedas, monedas digitales entre muchos otros.

El dinero que conocemos, ese que tenemos en nuestras billeteras, que usamos todos los días, que llevamos al banco y que está representado por billetes y monedas, necesita ser y estar debidamente avalado y certificado por la entidad bancaria emisora. La legitimidad de la moneda y confianza en ella, debe ser su mecanismo de construcción para su convenida aceptación.

Hoy por hoy, los gobiernos tienen la autonomía y potestad;

mediante el establecimiento de sus leyes, de decretar cuál será el espécimen de dinero establecido para su curso legal, respetando que otros entes como los bancos centrales y casas de la moneda, tendrán a cargo la responsabilidad y compromiso de reglamentar e inspeccionar la política monetaria de su propia economía, así como la creación de las monedas y billetes precisos conforme a sus necesidades para garantizar y satisfacer a su comunidad en sus demandas de contar con dinero efectivo-físico circulante.

Viendo el panorama desde la óptica que tienen las ciencias sociales y económicas, el elemento o factor socio-cultural se encuentra inmerso en el juego, ya que al contar con una moneda como bien público emitida por su gobierno, y dado que este (el dinero) presta un servicio de predominancia común; se le debe regular por parte de las autoridades competentes del sector público de la nación, como se ha dicho; por medio de los bancos centrales y casas de la moneda. Una estrategia que evitará la creación de otras monedas o circulante paralelo por parte de terceros, que pongan en riesgo el avalado como de curso legal.

Concluimos este interesante apartado sobre el dinero con una excelente frase del estadista inglés Benjamín Disraeli (1804-1881), quien en una ocasión dijo:

"Lo mejor que podemos hacer por otro no es sólo compartir con él nuestras riquezas, sino mostrarle las suyas."

Reconoce tus talentos, disfruta tus riquezas y siéntete feliz de ver al otro también con las suyas.

2

BLOCKCHAIN, BITCOIN Y EL ORIGEN DE LAS CRIPTOMONEDAS

La Criptografía y Dinero Digital

Desde siempre el hombre se ha visto en la necesidad de resguardar, reservar y ocultar algún tipo de información o datos, y no precisamente a partir de la era informática, computadoras, internet o dispositivos móviles; siempre hemos guardado celosamente aquello que en su momento solo nosotros daremos a conocer si es preciso.

El significado de la palabra criptografía, se traduce a un término genérico que describe aquellas técnicas que permiten de alguna manera cifrar o abreviar mensajes, datos e información para convertirlos en ininteligibles, sin necesidad de recurrir a ciertas o determinadas acciones concretas. Existen dos expresiones o verbos asociados directamente a criptografía, son ellos; cifrar y encriptar, las cuales suelen ser utilizadas con mucha frecuencia.

La criptografía se fundamenta y está inmersa totalmente en la aritmética. Veamos el caso para encriptar o cifrar un texto. En este proceso, se trata de convertir las letras que constituyen el mensaje en una serie o conjunto de números a manera de bits, dado que los equipos y sistemas informáticos utilizan el sistema binario. Se realizan cálculos con estos números para modificarlos y convertirlos en un código incomprensible.

Al producto de esta conversión hecha a un mensaje se le conoce y se le llama texto cifrado, en comparación con el mensaje original, conocido como texto simple. Un dato importante en el proceso, es garantizar que este cambio de texto simple a texto cifrado, pueda ser perfectamente procesado por el receptor al momento de recibirlo y proceder a descifrarlo.

La acción de hacer secreto un mensaje o codificarlo para ocultar su contenido se llama cifrado. El procedimiento inverso, que permitirá al receptor recuperar la estructura original del mensaje es el descifrado. Para que ambos procesos sean logrados y se cumplan a cabalidad, se requiere lo que conocemos como Claves Simétricas para el modo secreto y Claves Asimétricas para el modo público.

- Claves simétricas: Utilización de ciertos algoritmos para descifrar y encriptar (ocultar) documentos. Son conjuntos de algoritmos diferentes que se relacionan entre sí para mantener garantía en la conexión confidencial de la información.
- Claves asimétricas: Corresponden a una fórmula matemática que utiliza dos tipos de llaves, una pública y la otra privada. La llave pública es susceptible al acceso de cualquier persona, mientras que la llave privada es aquella que sólo puede ser utilizada por la persona que recibe el mensaje y es capaz de descifrarlo.

En inglés, el vocablo *decryption* (descifrado), se refiere al acto de intentar descifrar en forma ilegítima un mensaje por parte de un tercero (atacante), ya sea que conozca o no la clave de descifrado.

Podemos afirmar que tradicionalmente la criptografía es utilizada para ocultar mensajes por parte de ciertos usuarios. En la actualidad, y vía informática; esta función es incluso mucho más útil, ya que las comunicaciones a través de Internet circulan por una infraestructura cuya fiabilidad y confidencialidad no pueden ser garantizadas. La criptografía es manejada no sólo y precisamente para proteger la privacidad de los datos, sino también para garantizar su integridad y legitimidad.

Cuando una persona ajena al proceso (atacante) pretende penetrar en el mensaje sin conocer la clave de descifrado, se habla de criptoanálisis o criptoanálisis, también es utilizado el término decodificación.

En esencia, la criptografía es una técnica que facilita la protección de datos y documentos, funcionando mediante el manejo de cifras y códigos para convertirlos en confidencial, garantizando así una circulación a través de redes locales o internet de forma más segura y confiable. La presencia de la criptografía en la humanidad es tan antigua como la escritura misma. En la época del imperio romano, eran usados códigos secretos y de esta manera ocultar proyectos de guerra a quienes no debían conocerlos. Solo aquellas personas autorizadas, de confianza y que por ende conocían tales códigos, estaban en facultad plena de descifrar el mensaje oculto.

Una vez llegada la computadora y a partir de su evolución, la criptografía ha logrado viajar por un terreno más amplio y de fácil divulgación de sus contenidos: Inmediatez y bilateralidad, por mencionar dos sencillos ejemplos. Gracias a la tecnología, la criptografía ha sido modificada, empleada y estructurada bajo algoritmos matemáticos, manteniendo la seguridad de sus usuarios. La criptografía preserva su integridad en la web, autenticidad del usuario, remitente y receptor, junto al contenido del mensaje y su debido acceso.

Un mensaje codificado, utilizando la criptografía como método, debe ser estrictamente privado, exclusivamente quien lo envió y quien recibirá deberán tener las claves que le permitan acceder e interpretar la totalidad al mensaje oculto. Un mensaje requiere ser suscrito, es decir, el receptor, la persona que recibirá el mensaje, podrá constatar y verificar si el remitente es realmente la persona que dice ser y contar también con los recursos que le permitan identificar si un pudo haber mensaje ha sido interceptado y modificado.

Los métodos manejados hoy día por la criptografía son bastante seguros y eficientes, estos se basan en una o más llaves. La llave es una secuencia de caracteres que contienen letras, símbolos y dígitos para luego ser convertida en un número, utilizado por los métodos de criptografía para codificar y decodificar los mensajes, según sea el caso.

Un recurso o elemento universal ampliamente utilizado mediante el proceso de criptografía es el dinero, dando así origen a lo que ya hemos visto y conocemos como dinero digital. El dinero electrónico o dinero digital, también dado a conocer como e-money, efectivo electrónico, moneda electrónica, efectivo digital o moneda digital, hace referencia al dinero que es emitido de forma electrónica, mediante el uso de redes computarizadas, internet y por sistemas de valores almacenados de forma digital como ocurre con el Bitcoin.

Algunos países utilizan el dinero digital como instrumento autorizado de pago, estableciendo el uso de una determinada moneda. Son ejemplos de dinero digital operaciones bancarias como depósitos, giros y transferencias. Este no tiene alguna unidad física representativa y sus transacciones se realizan a través del intercambio de bits sin la necesidad tradicional de utilizar monedas de metal, billetes o cualquier formato de pago; sin que exista la intervención o participe alguna entidad bancaria o financiera, es factible ejecutar cualquier trámite de fondos económicos sobre la plataforma criptográfica.

Dinero instantáneo e inmediato desde cualquier punto geográfico, directo a las manos (cuenta) del receptor. Seguro y confiable a un solo un clic, sin necesitar comprobación física o verificación manual; eso es el dinero digital en nuestros tiempos, dinero que va y viene en un viaje oculto y encriptado por la web.

El dinero digital no deja de representar y constituir una interesante situación en el mundo de la criptografía, el uso y manejo del dinero electrónico, se sigue efectuando aún, a una escala relativamente baja en comparación con la cantidad de usuarios registrados vs. quienes se encuentran activos; ya que persiste cierto nivel de incertidumbre en un número importante de potenciales prospectos.

A nivel global y comunitario debemos resaltar el éxito que ha tenido el sistema de tarjetas Octopus en Hong Kong, que dio sus primeros pasos como herramienta de pago para el tránsito masivo, utilizando ampliamente un esquema de dinero digital. A esto se suma Singapur, que al igual que en Hong Kong, implementó un sistema de pago para el transporte público en trenes y autobuses entre otros; basado en el mismo tipo de tarjeta.

De forma paulatina, muchos países se han ido incorporando y sumando a la utilización de dinero digital, bajo regulaciones de sus gobiernos y sus bancos centrales, tal es el caso de los Países Bajos: Cuando destacó con Chipknip ya extinta, Nicaragua con su tarjeta TUC y Venezuela con la creación de El Petro.

Existe otro gran sistema de pago muy conocido y efectivo que opera en Aisa, específicamente en China; se trata del WeChat que acumula cerca de mil millones de usuarios, quienes mediante un código QR, realizan transferencias de dinero digital en forma directo y sin mediadores.

Todos estos cambios, avances y transformaciones en los procesos económicos no tradicionales, han visto una excelente y magnífica oportunidad en los abrumadores avances tecnológicos que día a día tenemos oportunidad de presenciar, estos; los cambios, abren un extraordinario abanico de oportunidades y una puerta amplia al uso cada vez más generalizado de diversas monedas digitales ya conocidas y muchas que seguirán apareciendo en un futuro no muy lejano. Ahora bien, alguna vez te has preguntado ¿Cuál es el potencial de estas monedas y hasta dónde serán capaces de llegar?

En este viaje estupendo que estamos realizando a través del dinero, su historia, transformaciones y modalidades, daremos un salto hacia el futuro para detenernos a pensar un poco sobre sus posibles implicaciones. Nos embarcaremos en una misión futurista en la que llevaremos más preguntas que afirmaciones concretas. Dispongámonos a viajar con una actitud positiva y sin desánimo, inspirados en aquellas palabras que alguna vez expresó el reconocido escritor francés Víctor Hugo (1802-1885): *"El futuro tiene muchos nombres. Para los débiles es lo inalcanzable. Para los temerosos, lo desconocido. Para los valientes, es la oportunidad"*.

En nuestro punto de partida se nos hace saber que no podemos dejar de lado el dato que, desde hace ya algún tiempo, las monedas digitales existen y están siendo muy bien manejas, utilizando canales apropiados con gran confianza e inmediatez. Debemos tener en cuenta que las reservas de los bancos comerciales en los bancos centrales y los pagos que hacemos con tarjetas y mediante aplicaciones móviles; son claros ejemplos de la existencia de dinero digital.

Por tal motivo, nos conviene entonces, destacar los grandes progresos y avances tecnológicos relacionados con los mecanismos Blockchain y la destreza efectiva de sus destacados sistemas electrónicos de pago, haciendo posible que el dinero digital goce de mucho más protagonismo en la economía del futuro, como casos que vemos en el presente y comprobaciones que tenemos del pasado.

Un breve recorrido nos hace recrear una importante reflexión, y es que nuestra sociedad requiere conseguir de manera inmediata, perfeccionar la tecnología al más alto nivel posible para así potenciar de manera firme los medios más prácticos que ayuden a implementar la creación de una moneda digital para uso global. Por el momento presente seguimos contando con las existentes, donde el Bitcoin representa un valioso ejemplo de actualidad y destacada función criptográfica dentro del mundo informático. Así damos entrada para hablar acerca del hash.

El hash es el nombre que recibe una determinada función criptográfica. Estas funciones cuentan en su haber con un objetivo primario, codificar datos para dar origen a una cadena única de caracteres. En este proceso no es una limitante la cantidad de datos que sean introducidos inicialmente en la función.

Las funciones criptográficas del hash son útiles y factibles para asegurar la autenticidad de los datos, almacenar contraseñas de forma segura y las firmas de documentos electrónicos. Las funciones hash son de uso predilecto y amplio dentro de la tecnología Blockchain, con el firme propósito de dar y reforzar seguridad a las mismas. Un ejemplo predilecto y claro es el del Bitcoin, que usa los hashes para hacer posible la utilización efectiva de la tecnología de las criptomonedas.

Un hash es una operación y función criptográfica que genera indicadores únicos e irrepetibles a partir de datos e información recibida. Es tal cual una huella digital, ese diseño dactilar sin par que todo individuo lleva de sus dedos. Los hashes conforman una pieza clave para la tecnología Blockchain y su utilidad es definitivamente amplia.

La primera función hash de la cual se tiene registros, ocurrió en el año 1961, cuando Wesley Peterson creó la función Cyclic Redundancy Check (Comprobación de Redundancia Cíclica). Esta primera función hash fue creada para lograr la comprobación efectiva y de cuán correctos eran los datos transmitidos a través de las redes digitales desde una plataforma en internet y en sistemas de almacenamiento digital.

Esta función fue según Peterson y los entendidos en la materia, fácil de implementar además de rápida, ganó aceptación inmediata; siendo hoy un estándar industrial. Gracias a la evolución, crecimiento de la informática y los computadores, estos sistemas han alcanzado excelente especialización y cada vez mayor distinción como función criptográfica.

Las funciones hash funcionan mediante una serie de procesos lógicos y matemáticos complejos. Estos procesos son introducidos a un software computarizado con el objetivo de ser utilizados desde el mismo ordenador. A partir de allí pueden ser tomados cualquier serie de datos, introducirlos en la función y procesarlos.

El resultado será una cadena de caracteres de longitud fija y única por los caracteres recibidos. Es prácticamente imposible realizar un reverso del proceso, es decir; a partir de un hash ya formado es metódicamente imposible obtener los datos originales. Gracias al proceso de creación de hashes, este es un procedimiento unidireccional, viaja en un solo sentido.

Ilustremos la explicación anterior con un sencillo ejemplo de la vida cotidiana, la elaboración de una dona. Todos y cada uno de los ingredientes se correspondería con la entrada de datos al ordenador. El proceso de preparar y cocinar la dona sería el correspondiente a la codificación de datos por la función. Al concluir tendremos una dona con una serie de características únicas e irrepetibles dadas por sus ingredientes originales. El proceso invertido, es decir llegar a los ingredientes básicos partiendo de una dona debidamente elaborada, es imposible.

La función de Peterson, inspiró y permitió la creación de nuevas y desde luego, mejores hashes; entre los que mencionamos:

1. **MD2:** Creada en 1989, es una de las primeras funciones criptográficas del mundo. Su creador fue Ronald Rivest. Esta función gozaba de un alto prestigio, seguridad y eficiencia para el momento, garantizando un nivel de seguridad extremo en internet. Su posterior evolución impulsó a crear la función hash MD5, usada en ambientes donde la seguridad no representa mayor preocupación.

2. **RIPEMD:** Creada en 1992, es una función criptográfica para el proyecto europeo RIPE. Su principal función era la sustitución de la función estándar para entonces, la MD4. En tiempos actuales, es considerada muy segura; en especial sus versiones RIPEMD-160, RIPEMD-256 y RIPEMD-320.

3. **SHA:** Creada en 1993 por la NSA, es el estándar de actualidad en hashes criptográficos. NSA la crea como parte ícono de su proyecto interno para dar autenticación a documentos electrónicos. Las funciones hashes más seguras hasta los tiempos presentes son los SHA y sus derivadas. Destacando SHA-256 por ser clave en la tecnología que hizo posible y dio paso al Bitcoin.

Las funciones actuales de los hashes tienen un nivel de seguridad suficientemente alto, aunque esto no pretenda decir que son 100% infalibles. Un ejemplo importante lo encontramos en la función hash MD5. En un principio, sus especificaciones garantizaban alta seguridad y confiabilidad total. Su utilización se extendió en internet para satisfacer la necesidad de un útil sistema hash que permitiera mantener la seguridad web. En el año 1996 esa seguridad se vio quebrantada y se pudo romper la función, quedando obsoleta; recomendando inmediatamente abandonar su uso.

En otro panorama, funciones como RIPEMD-160 y SHA256, están compuestas de tanta complejidad que la seguridad de sus funciones representa en los días que corren, una garantía total. Por ejemplo, para lograr romper la seguridad de la función SHA-256, se calcula que serían requeridos miles de años, usando súper-computadoras de alta gama con los más amplios estándares de actualización en software y hardware.

Igual sucedería con la función hash RIPEMD-160 y sus consecuentes evoluciones. Todo esto puede ser interpretado como que ambas funciones continúan brindando un alto y confiable nivel de seguridad, siendo utilizadas sin temores y sin ningún tipo de inconvenientes. Y aunque estas funciones hash son altamente seguras, el proceso de investigar y desarrollar otras más complejas no se detiene, sus analistas continúan en la búsqueda de funciones cada vez más poderosas y confiables.

Gracias a su gran velocidad, eficiencia, economía computacional y única, las funciones de hash son extensamente usadas dentro de la tecnología Blockchain. Así que cuando Satoshi Nakamoto hizo público su white paper sobre Bitcoin, dio a entender y explicó por qué y cómo dio uso a SHA-256 y RIPEMD-160 en Bitcoin. Desde entonces, la tecnología Blockchain ha evolucionado grandemente, considerando que las bases tecnológicas siguen siendo las mismas. Dar uso a una criptografía fuerte y hashes para que la tecnología sea aún más segura, privada e incluso anónima, es prácticamente un mandato para la Blockchain.

· · ·

El nacimiento del Bitcoin

Es bastante probable que a estas alturas una gran cantidad de personas en el mundo haya escuchado sobre Bitcoin y quizás conozca algo al respecto. Y es que resulta tal el crecimiento exponencial que ha tenido esta moneda y su fabricación por millones en cuestión de pocos años, que sin lugar a dudas da mucho de qué hablar. Genera incluso hasta curiosidad querer saber cómo y porqué hasta en programas y series de TV reconocidas y de alto rating hayan mencionado la palabra Bitcoin.

Saber si es tendencia, un fenómeno, proceso de cambio o solo una moneda digital más, es nuestra tarea. Conocer su origen, quién fue su creador y demás datos que nos darán luces para entonces, manejemos el término Bitcoin con confianza y tal vez, hasta partícipes de proceso económico mundial que ha generado discusiones, temas y foros de interés global, específicamente para el movimiento y novedades en lo que se refiere a criptomonedas.

Bitcoin es sencillamente una criptomoneda, una moneda virtual, sustentada por su misma red. Una moneda virtual que se rige desde internet, es abstracta y sin forma física como suelen ser todas las monedas como las conocemos. En la actualidad existen innumerables comercios alrededor del mundo que aceptan en forma pública, abierta y directa el pago de sus operaciones a través del Bitcoin.

En el año 2008 Bitcoin es creada por un sujeto que se dio a conocer bajo el seudónimo de Satoshi Nakamoto, cuya identificación concreta aún es de carácter desconocido. Junto a un grupo de desarrolladores voluntarios, Nakamoto trabajó en un código fuente de aplicaciones hasta diciembre de 2010, fecha en la que cesó su actividad pública.

Bernard Von Nothaus fue inspirador de Satoshi Nakamoto, recordemos que años atrás Nakamoto le contacta haciéndole saber su gran admiración por la hazaña de haber creado su propia moneda y que él daría ese mismo paso, creando al poco tiempo el Bitcoin.

Bitcoin es una unidad de pago autorregulada sin respaldo, sin referencia física y sin aval por parte de ningún país que mantiene en el anonimato la identidad de sus propietarios. Sus operaciones y demás transacciones son efectuadas a través de internet por medio de códigos cifrados y confirmados de manera múltiple por los participantes e integrantes de la red tecnológica conocida como Blockchain.

El conocimiento y posesión de un código hace a quien lo adquiere, propietario de dicho activo (criptomoneda). Bitcoin es una moneda netamente digital. Entre los aspectos más polémicos que giran en torno al Bitcoin, es su proceso de creación, lo que es conocido y descrito como minería. Este proceso en la práctica, ha pasado a ser controlado por muy pocas manos, la mayoría son grupos debidamente organizados y establecidos en Asia. Con el constante crecimiento en el precio del Bitcoin, la rentabilidad de su proceso de minería sólo es posible en regiones geográficas donde los costos energéticos son más bajos.

Esta moneda es una versión concreta de efectivo que utiliza la criptografía para así tener el control total sobre su creación y sus operaciones, lejos de que lo haga un poder centralizado, y que a diferencia del dinero fiduciario, su valor no lo establece autoridad monetaria alguna y que además lo emita.

Para muchos, Bitcoin es un completo misterio como la identidad de su creador, para otros la oportunidad de sustituir el sistema financiero actual. Para los gobiernos es un medio a través del cual el crimen organizado realiza sus operaciones sin ser detectados, pero para los inversionistas, Bitcoin es la nueva moneda virtual que no puede faltar en ningún portafolio de negocios e inversiones.

Bitcoin (BTC) es la primera moneda digital usada y distribuida en forma virtual, cuyo valor los primeros días del mes de abril de 2021 alcanzó los 58.806,23 dólares estadounidenses, es en sí misma una red descentralizada peer-to-peer (de igual a igual). No existe en todo el mundo ninguna institución o persona que controle su emisión, gasto o reserva. La producción de cada Bitcoin es digital y sólo existen 21 millones de unidades. Se dice que su creador posee el 5% de ellas.

El programador Satoshi Nakamoto y su grupo de programadores, presentan por vez primera en 2009, un software de código abierto llamado Bitcoin, producto de la crisis económica que atravesaba el sector financiero por la conocida burbuja inmobiliaria y la consiguiente decisión que tomaron los gobiernos de imprimir excesivo dinero inorgánico para proteger y rescatar a los bancos.

Siguen y persisten muchas dudas y rumores sobre la verdadera identidad de Satoshi Nakamoto, creador de Bitcoin, sin embargo, todas y cada una de las personas asociadas a estos rumores han negado ser Nakamoto. En una oportunidad, en el año 2012, el mismo Nakamoto expreso ser una persona de sexo masculino con 37 años de edad, residenciado en Japón, lo cual no fue del todo convincente por hablar un inglés perfecto y muy fluido, además despertaba inquietud el horario que establecía para conectarse en foros de la red y el software por él utilizado no estaba etiquetado en japonés.

¿Cómo nacieron las Criptomonedas?

De su origen se distinguen dos nociones dentro del mismo término Criptomoneda. *Cripto* es la primera, y se basa en la criptografía, que según la RAE significa escribir con clave secreta o de forma enigmática; y *Moneda*, la segunda.

En tal sentido, para cuando Wei Dai difundió por vez primera para el año 1998 el concepto de moneda criptográfica en la lista de correo electrónico "cypherpunks", propuso la conjunción o emparejamiento entre una moneda nueva y la criptografía con el objetivo de sustituir el control que realiza una autoridad monetaria centralizada en la generación o creación y la ejecución de sus operaciones mediante el uso cifrado de pruebas y tests matemáticos que suministren altos y garantizados niveles de seguridad.

Al igual y a la par de la mayoría de las invenciones e innovaciones, la primera criptomoneda en aparecer, requirió un tiempo de gestación y maduración y un contexto apropiado. Por eso, un mes después de la quiebra del Lehman Brothers, Satoshi Nakamoto publica el 31 de octubre del 2008 el primer whitepaper referido a su primera criptomoneda denominada "Bitcoin (₿, BTC, XBT), A Peer-to-Peer (P2P) Electronic Cash System"-

El whitepaper propone la creación de un sistema operativo electrónico de pago sin la necesidad de una autoridad intermediaria o supervisora que brinde confianza sobre la propiedad que tiene cada usuario sobre sus unidades monetarias. Para ello, reconoce la importancia y necesidad de implementar un registro cronológico de todas las operaciones y transacciones a fin de dilucidar su existencia, y la posterior transmisión hacia todos los demás servidores de la red con el propósito de evadir cualquier riesgo de doble gasto de las unidades.

De esta manera, debido a que los registros de las transacciones se asocian o agrupan en bloques que contienen todos los datos e información del bloque anterior se origina una cadena de bloque, llamada Blockchain.

Ya para finales del mes de enero del año 2009, Satoshi Nakamoto anuncia al mundo y oficializa a través de la red, el lanzamiento de su creación: Bitcoin, la primera moneda criptográfica de la historia y que se convertiría en la génesis de nueva e inédita manera de comercializar en red a través de la web.

Resulta muy interesante, hablando sobre el origen de las monedas virtuales, destacar que, para la fecha, y 12 años después de haber sido creada y dada a conocer al mundo Bitcoin, la criptomoneda más notable, relevante e importante del mundo; existan aproximadamente en la red un poco más de 1600 monedas digitales que buscan cubrir y satisfacer innumerables necesidades a millones de usuarios que hoy día utilizan este innovador recurso como su recurso financiero de primera línea.

Características de la red Bitcoin

Hemos visto el momento histórico y las circunstancias que se presentaban en el mundo para cuando se crea y da a conocer Bitcoin como un software de código abierto y su aparición como primera moneda digital, igualmente; una serie de aspectos importantes en cuanto a su estructura, operatividad, efectividad, garantía y seguridad y valor. Conozcamos un poco más sobre esta fascinante moneda y parte de sus características básicas.

- **Es anónima:** Los bancos tienen conocimiento suficientemente amplio sobre todos los datos de sus clientes. Direcciones, números telefónicos, correos electrónicos, referencias de contactos, lugares de trabajo, balances, otras cuentas, gastos, movimientos y mucho más. Lo mismo sucede desde Google y Facebook, redes que logran rastrear toda información de sus usuarios con tan solo un par de clics. Con la utilización de la red Bitcoin, todo resulta diferente, ya que las billeteras empleadas por sus millones de usuarios para efectuar gastos y hacer compras, no están vinculadas a ningún tipo de información personal gracias a su cualidad criptográfica.

- **Transparente:** Todas y cada una de las transacciones realizadas dentro de la red Blockchain de Bitcoin, está resguardada en un Libro Público que se registra en la misma Blockchain y es abiertamente visible. Esto significa que todas las actividades dentro de la red son perceptibles, sin posibilidad de poder rastrear la propiedad individual de cada Bitcoin que poseen las personas dentro de la red.

- **Rápida:** Todas las operaciones efectuadas dentro de red Blockchain de Bitcoin, son susceptibles de resolverse en solo minutos, sin que sean limitantes los lugares en que se encuentren o ubiquen las partes participantes de la transacción en cuestión. Si comparamos una situación apremiante que sufren los servicios bancarios nacionales o internacionales con Bitcoin; veremos la extrema rapidez con la que cuenta Bitcoin, una ventaja considerable desde celeridad en la ejecución de sus acciones.

- **Irreversible:** Realizar un trámite sin vuelta atrás. Una vez que los usuarios participan en el cierre de una operación dentro de la red Blockchain de Bitcoin, no hay manera de que esta sea revertida. Esta es una característica que puede ser considerada como arma de doble filo, y que debe ser utilizada con prudencia, precisión y cuidado. Su lado positivo reposa en el hecho de que podemos estar completamente seguros que cada Bitcoin que recibamos, no podrá ser devuelto a la persona que nos lo ha enviado, pero debemos ser prudentes y cautelosos al momento de nosotros enviar Bitcoins a la dirección precisa, se debe verificar que esta sea la correcta. Es aconsejable constatar que todos los datos se encuentren en orden antes de realizar cualquier tipo de operación.

Solo cuatro características que merecen especial observación y atención, al igual que el método científico y toda circunstancia de vida cotidiana: Observación. Mirar con atención y proceder con prudencia.

El respaldo único que tiene esta moneda está representado por los algoritmos tecnológicos, los cuales desde su creación han sido imposibles de penetrar, aunque el riesgo existe. Una gran cualidad de Bitcoin es que es una criptomoneda que bajo ninguna condición puede ser intervenida ni la posibilidad de ver congeladas las cuentas en esta moneda, además que se requiere dar datos de identidad al momento de hacer negociaciones con Bitcoins. Es bastante probable dar con una alta volatilidad de su precio, esto motivado a su cráter especulativo y su fluctuante movimiento de oferta y demanda

La red Blockchain de Bitcoin, como hemos visto es muy segura y confiable que goza de operatividad privada y garantizada, brindando discreción a sus usuarios, además de generar un crecimiento económico único e importante dentro del mercado de capitales. Dado su rango de ser una moneda digital descentralizada y que no puede ser falsificada, gracias a los excelentes mecanismos de defensa integrados dentro cada algoritmo que se utiliza en la misma red, incrementa su nivel de confianza.

Bitcoin es una moneda de durabilidad eterna. Si, como lo lees. Motivado a que un Bitcoin no existe en forma física, implica que jamás se podrá dañar, romper o alterar. Un Bitcoin puede mantenerse de forma permanente dentro de internet sin ningún tipo de problemas.

El misterioso creador del Bitcoin ¿Quién fue realmente Satoshi Nakamoto?

Satoshi Nakamoto nació en Japón el 5 de abril de 1975. Es un matemático y criptógrafo creador de la red de código abierto Bitcoin y la primera moneda digital Bitcoin. Posee un patrimonio de 1.000.000,00BTC de Bitcoins (58.823.000.000,00$ de dólares americanos calculados a abril de 2021), reconocido en el 2015 con el Premio a la Innovación por The Economist y propuesta de nominación al Premio Nobel de Economía en 2016 pero rechazada por parte de la Real Academia de Ciencias de Suecia, ya que, si el galardonado ha fallecido o es anónimo, no se otorga.

Para el año 2012, en su perfil de la Fundación P2P (Peer-To-Peer), Satoshi Nakamoto afirmó ser un hombre de 37 de edad, residenciado en Japón, sin especificar algún dato adicional sobre ciudad u otro dato geográfico. Muchos dudaron de sus palabras por utilizar un inglés impecable y por comprobar que su software de Bitcoin no figuraba etiquetado ni documentado en japonés.

En un minucioso trabajo desarrollado por el investigador Dan Kaminsky, quien analizó en profundidad la red de código abierto Bitcoin, se expresó que Satoshi Nakamoto podría no ser la persona que decía ser y quien se presentaría en su perfil P2P. Nakamoto podría tratarse de un grupo o equipo de trabajo conformado por programadores muy bien organizados. Todo ello mereció, por parte de Kaminsky; considerar a Nakamoto como todo un genio.

Un desarrollador que formó parte del equipo Bitcoin desde sus inicios, afirmó haber mantenido contacto constante con Nakamoto vía correo electrónico y consideró que su código comunicacional estaba muy bien desarrollado para creer que se comunicaba con una única persona.

Para muchos investigadores, dados a la tarea de tratar dar con la posibilidad de contactar la identidad de Satoshi Nakamoto, se sostiene la idea de que Nakamoto es oriundo de algún país perteneciente a la Commonwealth, por la utilización eventual de términos y gramática propia del inglés británico encontrado en su código fuente y en los mensajes de sus foros.

Una serie de datos investigativos e interesantes análisis aportados por el programador y miembro suizo de la comunidad, Stefan Thomas concluyen en que las horas de cada uno de los más de 500 mensajes publicados dentro del foro Bitcoin por parte de Nakamoto, mostraron en su gráfico resultante un importante descenso entre las 5:00 am y 11:00 am del Meridiano de Greenwich.

Esta secuencia se mantuvo invariable, incluso los fines de semana; esto permitió calcular a Thomas que el genio creador de Bitcoin se encontraría en horas normales de sueño, dormido en esos horarios. Considerando lo anterior y de ser Nakamoto una única persona, con hábitos de sueño convencionales, entonces se le podría encontrar en alguna región en la zona horaria UTC-5 o UTC-6; poblaciones de América del Norte en el Horario del Este de Norteamérica y Horario Estándar del Centro, en locaciones de América Central, Caribe y América del Sur.

Al margen de todo este conjunto de hipótesis, porque hasta el momento son sólo eso; hipótesis, existen infinidad de investigaciones que circulan en torno a la mente brillante del Bitcoin, su identidad y su ubicación en algún lugar del mundo. Reiteramos, se cree que Satoshi Nakamoto puede ser una persona o un grupo o comunidad de individuos que hacen vida profesional para la red Bitcoin.

Existen nombres reales de personas que forman parte de la red y que se presume alguna de ellas sea el verdadero Nakamoto:

- Nick Szabo
- Dorian Nakamoto
- Hal Finney
- Craig Steven Wright
- Vincent van Volkmer

Los expertos en criptomonedas e investigadores coinciden en un mismo argumento, y es que el trabajo de la red de código abierto de Bitcoin está tan bien hecho, desarrollado, ejecutado y montado, que resultaría un tanto difícil atribuir todo el mérito al esfuerzo y fruto de una sola persona.

Una gran galería de nombres figura y ha desfilado señalando a posibles candidatos de ser el verdadero Nakamoto, muchos han sido descartados por su improbabilidad de serlo. Para el año 2011 Joshua Davis fijó su mirada sobre el sociólogo y economista finlandés Vili Lehdonvirta y el estudiante irlandés Michael Claro, lo cual reportó en un artículo, publicado en The New Yorker; sin embargo, ambos negaron tales atribuciones.

Para ese mismo año, Adam Penenberg, periodista de investigación, se refirió a Neal Rey, Vladimir Oksman y Charles Bry como los posibles creadores el Bitcoin, ya que en el año 2008 estas personas presentaron una patente que en uno de sus textos contenía la frase: "computacionalmente impracticable de revertir", misma expresión que también figuraría en el White Paper de Bitcoin, y a los tres días es registrado el dominio bitcoin.org. Sin embargo, todo esto no fue más simple casualidad, pues estos tres personajes negaron toda vinculación con la criptomoneda naciente.

Dos años más tarde, en mayo de 2013, Ted Nelson el pionero de internet, discurrió en un video que Shinichi Mochizuki podría ser Nakamoto, negando semejante afirmación pocos días después. Para ese mismo año, los matemáticos israelíes Adi Shamir y Dorit Ron, dieron con cierto vínculo entre Satoshi Nakamoto y Ross Ulbritch, reconocido creador del mercado de la Darknet Silk Road, siendo uno de los primeros en aceptar criptomonedas como medio de pago, quienes luego se retractaron de dichas afirmaciones.

El año 2015, Travis Patron, destacado investigador, insinuó al Premio Nobel de economía John Forbes Nash, dados sus altos conocimientos en el concepto del dinero, además de ser una mente brillante que compartía varios puntos de vista en común con Bitcoin. Más recientemente, el mes de noviembre del año 2017, comenzó a circular un rumor haciendo creer que el reconocido inventor y empresario Elon Musk, podría ser el verdadero creador del Bitcoin, pero este inmediatamente procedió a negar tal idea.

Lo mismo sucedió a principios del año 2018, el desarrollador nigeriano Mark Essien publicó una teoría de su propiedad alegando que Bram Cohen, el creador de BitTorrent si sería Satoshi Nakamoto, basado en evidencia circunstancial.

Algo que sí podemos afirmar con total seguridad es que, bajo el

alias de Satoshi Nakamoto, una persona o un grupo de programadores, es el creador de Bitcoin, una verdadera transformación en el uso
del dinero a partir del año 2009 con su nueva y primera moneda
digital.

Con todas las investigaciones realizadas por más de 20 años para
dar con la identidad de este emblemático personaje y todos los resultados fallidos, si podemos asegurar el crecimiento de una moneda
digital que aún guarda en secreto para toda la sociedad mundial el
nombre de su progenitor; mientras con un poco más de 100 millones
de usuarios confían cada vez más en esta sólida moneda y su preponderante crecimiento como destacado recurso de valor.

Mientras siga en repunte la confianza hacia el Bitcoin, basado en
su plataforma de avanzada, desde su propia red Blockchain, esta
moneda permanecerá latente en el mercado criptográfico mundial,
dando mayor garantía a las operaciones con real dinero electrónico.
Podemos asegurar y reiterar que la confianza y la solidez de los
proyectos es la base del éxito de esta imponente criptomoneda.

¿Qué son los Bitcoins?

Hemos visto conceptos, definiciones, características, detalles
amplios y aspectos varios explicativos sobre los Bitcoins, los cuales
nunca serán suficientes, más aún cuando se trata de este influyente
elemento representativo de las nuevas economías.

Bitcoins es una moneda virtual o también un recurso electrónico
de intercambio, válido y útil para adquirir productos, bienes y servicios como lo hacemos con cualquier otra moneda. Además, es una
moneda descentralizada, no existe ninguna autoridad, banca o
gobierno que suponga responsabilidad, control o autoridad sobre
ella, maneje su emisión o represente alguna potestad en sus registros
y movimientos. Cabe resaltar que Bitcoin consiste en una clave criptográfica íntimamente asociada a un monedero virtual, el cual debita
y recibe pagos.

Este es un tipo de dinero netamente virtual, como si de billetes y
monedas tradicionales en una versión online, se tratara, ya que con él
se pueden comprar y pagar las mismas cosas; desde una taza de café
hasta una mansión. Su popularidad ha crecido de tal manera, que ya

son muchos los establecimientos, tiendas, empresas y comercios que lo aceptan como recurso de pago.

Una imagen ilustrativa de Bitcoin o como luce en forma física esta moneda, solo podrá ser visto en diseños gráficos para fotos o videos, ya que la moneda como tal no existe en formato cambiario palpable, son solo formatos que ayudan a tener una idea de cómo luciría o sería el Bitcoin. Existen muchos elementos de gran cuantía en el mundo como el oro, la plata y los diamantes. Quizás te preguntes por qué Bitcoin tiene tanto valor. Esto cada día vale más porque las personas están y siguen dispuestas a pagarlo y cambiarlo incluso por bienes y servicios, incluso por dinero real. Mientras esta moneda continúe siendo descentralizada y libre de ataduras externas, más serán los usuarios que se deseen incorporar y se sumen a su red.

Bitcoin es una moneda fuerte que ha experimentado alzas sorprendentes, sin embargo, también ha sufrido bajas importantes desde hace más de una década cuando fue creado. Críticos entendidos en la materia consideran que cambiar todo tu dinero real a Bitcoins no es del todo seguro, porque el riesgo al que se incursionaría podría ser tal vez demasiado alto. Sin embargo, esta criptomoneda sigue ganando cada vez más y más seguidores, se hace a favor de un público amplio, a pesar de años de escepticismo para muchos.

Día tras día Bitcoin se hace más fuerte y gana adeptos tan importantes y conocidos como Uber o Mastercard, el rapero Jay Z o el presidente de Twitter Jack Dorsey, y hasta Tesla, quien dio a conocer haber invertido 1.500 millones de dólares en la compra de Bitcoin y pronto comenzará a aceptar la criptomoneda como forma de pago en la venta de sus vehículos.

Bitcoin es una moneda de inestimable crecimiento e impacto financiero. Tenemos entonces que Bitcoin es una moneda digital o criptomoneda descentralizada que puede ser utilizada para intercambiar bienes y servicios en los lugares donde se acepte, tal como lo hacemos con cualquier otra moneda fiat de curso legal. El símbolo de Bitcoin es ₿ y su abreviatura BTC o XBT. Se trata de una moneda electrónica libre y la cual permite la transacción directa sin ningún tipo de intermediario o mediadores.

Recordemos que Bitcoin (₿, BTC, XBT) fue creada en el año 2009, junto con el software que lo sustenta por quien se hace llamar Satoshi Nakamoto, actualmente un posible individuo o grupo de personas ¿?. Al día de hoy esto continúa siendo un misterio, ya que desconoce realmente quién está detrás de ese nombre, si una persona o institución. Los Bitcoins se crean gracias a un proceso conocido como minería de Bitcoin.

¿Cuál es el objetivo de Bitcoin?

Antes de entrar en los aspectos básicos que indiquen cuál o cuáles son los objetivos de Bitcoin, refresquemos un poco de qué manera y como funciona el dinero, así será mucho más sencillo comprender el por qué de la existencia de esta criptomoneda.

Al aceptar realizar un determinado trabajo, estarás admitiendo alguna condición propuesta por parte de la otra persona, quien te ha ofrecido determinada suma de dinero a cambio de ello. Aquí el dinero estará representando el trabajo que hemos acordado hacerle a esta persona.

Este dinero lo utilizarás en la compra de productos que desees adquirir, con lo cual estarás pagando en una tienda con el dinero que recibiste por tu trabajo, de esta manera ese dinero seguirá sucesivamente en movimiento y cambiando de manos con frecuencia. Es dinero tradicional emitido por el gobierno que manejarás de forma física o a través de tarjetas y también transferencias, se trata de la moneda oficial de curso legal.

Comprendiendo el punto, veamos un aspecto delicado y fuerte que le toca vivir a estas monedas; su debilidad ante la falsificación, a pesar de los grandes esfuerzos y tareas de concepción que dedican los gobiernos en producir dinero con un papel moneda difícil de replicar o tal vez imposible de duplicar, además de confiar en la banca y sus plataformas de pago disponibles digitalmente, ante todo ello; nuestro sistema económico y financiero depende en su totalidad de terceros.

Pues bien, nada de esto sucede con la figura de las criptomonedas, cuya filosofía es completamente diferente y no tiene dependencia frente a ninguna autoridad para su creación, administración y manejo. El costo del sistema tradicional bancario es demasiado alto, sobre todo cuando se realizan operaciones internacionales, existen gobiernos que no paran en la impresión de dinero, tal es el caso de Venezuela; lo que simplemente produce mayor inflación y alteración de datos, depender de estos entes resulta costoso para la sociedad. Una criptomoneda como Bitcoin tiene en sus objetivos, eliminar esos gastos. Pero no se trata solo de gastos, compras y ventas.

En los años de existencia de Bitcoin hemos podido presenciar su expansión y crecimiento en valor como tal una criptomoneda, sin embargo, no ha sido fácil lograr captar en la comunidad general la atención necesaria para entender la utilidad de su tecnología y los objetivos perseguidos.

- **Educar al usuario y a la comunidad en general:** Esta es la tarea principal que tiene Bitcoin como criptomoneda que aparece disponible en la red. Fomentar una formación amplia sobre sus beneficios, ventajas y debilidades. Mantener al prospecto interesado en formar parte de la red sobre cómo funciona y qué oportunidades ofrece la criptomoneda en el ámbito económico dentro un muy bien resguardado sistema digital.
- **Orientar a quien desea formar parte de la comunidad:** Brindando información sobre las posibilidades ofrecidas por Bitcoin como moneda digital descentralizada, aportando orientaciones para quien ya tiene experiencia en el campo o para quien desee iniciarse, recibiendo cierta información específica.
- **Ofrecer avance tecnológico:** Bitcoin cuenta con una plataforma segura y confiable. Su soporte tecnológico de altura lo hace prácticamente impenetrable, lo cual es garantía de confianza en su comunidad.
- **Adopción empresarial:** Buscar alcanzar mayor importancia económica en la medida que se constituya como parte del marco comercial y empresarial. Por más que su valor vaya en aumento, Bitcoin busca las estrategias

que le permitan ocupar un espacio en el ámbito comercial. Entre los objetivos de Bitcoin, este se relaciona estrechamente con las conocidas "altcoins", las monedas alternativas encargadas de ofrecer soluciones a los problemas comerciales derivados de esta cuarta revolución industrial. En este punto Bitcoin busca ocupar su lugar como núcleo en este novel mercado, en el que gran parte de la actividad es digital y automatizada.

- **Aumentar la interoperabilidad:** Uno de sus objetivos prioritarios que deberá recibir especial atención en lo sucesivo, es ensanchar su presencia en las redes, ya que entre ellas persiste muy poca comunicación y esto podría redundar incluso en la pérdida injustificada de dinero por causa de errores fáciles de corregir. Toda red es independiente de otra y posee sus propias características y particularidades. Sin embargo, el surgimiento de actualizaciones nuevas puede facilitar mucho más las operaciones y conectividad entre redes. De esta manera será posible y garantizada la creación de un ambiente comercial favorable que permita obtener mayor versatilidad para el uso monetario de los muy variados criptoactivos.

- **Creación de servicios:** Fundar en un futuro inmediato todo un entorno de servicios alrededor de la tecnología. Servicios de almacenaje, de seguros, aplicaciones móviles sencillas, centros de soporte para dar apoyo tecnológico a nuevos comercios en su adaptación, entre otros. Creaciones que harían y considerarían a Bitcoin como un activo de referencia en el sistema económico actual.

Empresas y entidades financieras comenzarían a fomentar el uso de productos y servicios relacionados con el cripto, dada la tendencia de ver a las criptomonedas como un medio para hacer trading o de ganar más dinero. Sin duda alguna Bitcoin y las demás monedas digitales son un excelente recurso para generar ingresos, pero están obligadas a darse más valor por su facultad en ofrecer soluciones empresariales que por las posibilidades como activo mercantil dado a la especulación.

- **Uso fácil y amigable:** Día a día es más fácil y sencillo ingresar a Bitcoin e invertir en él, al igual que con cualquier otra criptomoneda, sin embargo, hay un camino bastante largo y provechoso por recorrer en torno a la usabilidad. Existen en el mercado numerosas plataformas intuitivas en las cuales, las personas interesadas pueden adquirir, intercambiar y comercializar con Bitcoin; sin embargo, siguen siendo necesarios determinados conocimientos técnicos que permitan y garanticen un correcto uso de la herramienta y este tipo de monedas digitales. Esto y más puede ser logrado facilitando una adopción masiva de la tecnología, mediante el surgimiento de nuevas aplicaciones y empresas que hagan verdaderamente fácil la aceptación de criptomonedas en su propio negocio con la posibilidad de almacenarlas y asegurarlas.

Los objetivos básicos de Bitcoin pasan a hacer de las criptomonedas y su tecnología Blockchain, un bien a favor de toda la humanidad. Gran parte de la sociedad aún no se encuentra preparada ni lista para hacer frente a la próxima revolución industrial desde un punto de vista ideológico e intelectual. A la par con todas las revoluciones industriales pasadas, habrá sus detractores y un gran número de personas cerradas a los cambios y nuevas tendencias tecnológicas y profesionales. Al respecto la orientación, educación y apoyo por parte de organizaciones es imprescindible y fundamental. Los grandes avances de la tecnología siempre logran imponerse gracias a su utilidad demostrada y comprobada por un pequeño grupo de usuarios a quienes también se le debe mérito por reconocer y permitirse dar un paso al frente, de cara a los cambios que surgen en la sociedad.

¿Cómo funciona Bitcoin?

Bitcoin es una criptomoneda que funciona por medio de monederos digitales, los cuales utilizan una clave privada que permite el acceso y ejecución de todos sus aplicativos. Los pagos y demás transacciones se realizan desde su plataforma a través de internet y mediante un sistema de protección criptográfico, amparado por la red Blockchain.

PARA LOGRAR OPERAR y poder manejar de forma efectiva con Bitcoin, basta con descargar alguna de las aplicaciones disponibles ofrecidas en cualquier sistema operativo de escritorio o móvil. Este puede ser iOS o Android (MultiBit o Bitcoin Wallet).

Una vez descargada la aplicación, podrás crear tu monedero para Bitcoin que, en pocas palabras; consta de una clave privada en conjunción con una clave pública, la cual te permitirá realizar tus operaciones. Gracias a estas claves, los Bitcoins no pueden ser falsificados, garantizando así la legitimidad, seguridad y protección de todas las operaciones realizadas entre sus usuarios.

El sistema de criptomonedas Bitcoin utiliza una llave pública criptográfica para su acceso. Una moneda posee la llave pública del propietario. Al momento de realizar la transferencia de una moneda desde el usuario A al usuario B, A incluye la llave pública de B a la moneda que posteriormente será firmada con la llave privada de A. Acto seguido, el usuario B ya cuenta con la moneda acreditada a su favor la cual podrá transferir en el momento que lo desee. Una vez que el usuario A efectúa la operación, no podrá volver a recibir la misma moneda que recién ha transferido, ya que la red mantiene un registro mediante lista pública de manera colectiva con todas las operaciones que son efectuadas.

Con el inmenso número de usuarios registrados, cerca de 1000 millones de personas, Bitcoin se ha convertido en la criptomoneda más utilizada a nivel mundial actualmente. Bitcoin permite reducir montos que por lo general representan grandes cantidades al momento de realizar operaciones sustanciosas.

Al iniciar sesión puedes visualizar tu saldo o estado de cuenta, con la posibilidad de disponer del mismo, transfiriendo Bitcoin a otra cuenta solo con los datos que sean solicitados. Bitcoin realiza toda su actividad de forma rápida, segura y protegida en forma directa e inmediata entre las carpetas digitales de los usuarios participantes de la negociación, verificadas a través de la red Blockchain; considerando la veracidad de las firmas digitales con claves correspondientes demostrando la autenticidad de los propietarios de las carteras.

A través de Blockchain, Bitcoin realiza un registro público descentralizado. Es decir, que determinado número de transacciones forma una unidad de base de datos conocida con el nombre de "Bloques". Cada uno de estos bloques tiene la posibilidad de almacenar información proveniente del bloque anterior, así como cada transacción recopila información acerca de su transacción precedente. De esta forma, la cadena de bloques proporciona una transparencia total de todos sus pagos y movimientos.

El ecosistema Bitcoin

Blockchain es el ecosistema para Bitcoin. Palabra que hemos mencionado cerca veinte veces y que no hemos explicado en detalle. Cuando hablamos de ecosistema, nos viene a la mente de inmediato un sistema biológico constituido por organismos vivos que habitan y conviven en un mismo espacio físico. Algo similar es el ambiente de convivencia para una estructura digital que requiere su lugar de asiento y de convivencia, su hogar o centro de operaciones.

Al hablar de un ecosistema de cadena de bloques, hacemos referencia a las partes que conforman el todo y cómo esas partes interactúan entre sí y a su vez con su mundo exterior.

El ecosistema Bitcoin, caso de nuestro interés; se reduce a cuatro partes importantes:

- Usuarios: Quienes reciben y envían pagos.
- Mineros: Quienes generan las criptomonedas.
- Inversores: Quienes las compran.
- Desarrolladores: Quienes supervisan y sustentan todo lo anterior.

Ninguna de las partes que constituyen la ecuación podría funcionar sin que las otras estén allí también, juntas todas en esta importante comunidad de soporte. En todo caso, una valiosa serie de componentes deben funcionar de forma adecuada y apropiada; en una sola palabra, debe funcionar bien para mantener operativo un proyecto de Blockchain.

Blockchain es la base tecnológica en la cual se soporta el proceso de minado y cotizaciones de Bitcoin, un procesamiento que permite a los usuarios de esta criptomoneda la realización de pagos y operaciones de forma encriptada y autenticada en una base de datos distribuida.

Cualquier tema relacionado con Bitcoin estará estrechamente relacionado y unido a Blockchain, siendo esta la tecnología en la cual se da soporte a la criptomoneda. En conclusión, es una gran base de datos distribuida en múltiples servidores alrededor del mundo que reúne todas las transacciones que se producen con Bitcoin. Todas y cada una de estas operaciones encriptadas y autenticadas, se adicionan a la cadena de bloques mejor conocida como Blockchain y en la que se asienta Bitcoin, proceso imposible de realizar sin los APIs, un conjunto de comandos, funciones y protocolos informáticos que le permiten a los desarrolladores crear programas específicos para ciertos y determinados sistemas operativos.

Un valor agregado y de excelsa impedancia orgánica es el interés que día a día despierta en los desarrolladores, la tecnología Bitcoin, si hacemos la comparación con plataformas u otros sistemas de pago online como PayPal. En los actuales momentos existen incorporados en la plataforma de desarrollo colaborativo GitHub cerca de 3.200 repositorios relacionados con PayPal, en comparación a los vinculados con Bitcoin los cuales suman más de 8.000 repositorios.

Todo el proceso de operaciones, trámites, recepción, emisión de pagos con monederos virtuales o gestión de datos es posible gracias a la existencia de una interfaz de desarrollo para aplicaciones por cada una de sus funciones. Blockchain cuenta con varias APIs para diferentes funcionalidades. Sin ellas o con ausencia de algunas de ellas simplemente sería imposible realizar ningún tipo de actividad u operaciones con Bitcoin en el mundo.

El sistema tecnológico *Blockchain* permite la ejecución de transacciones de valor entre usuarios sin la necesidad de intervención de terceros o intermediarios en ningún momento del proceso, es decir, la gestión de las transacciones totalmente descentraliza y le entrega a todos sus miembros un mismo libro de registro o lo que es igual, una base de datos descentralizada (*distributed ledger*).

Las transacciones pueden ser en monedas digitales (criptomonedas) o bajo cualquier otra modalidad: (bienes, información, servicios, etc.) y se desarrollan sobre plataformas en las que sus nodos se comunican mediante redes de pares iguales (Peer-To-Peer) a través de conexiones vía Internet.

El *Blockchain* ofrece una representación o registro dinámico e inalterable de sus operaciones a lo largo del tiempo que sustituye a intermediarios y autoridades centralizadas de confianza como gestores, bancos, notarios, aseguradoras, etc. que respalden las transacciones por la confianza digital que los usuarios tienen puesta en esta tecnología de avanzada y gran nivel.

La cadena de bloques o *Blockchain* ofrece a todos sus participantes transparencia total tras un protocolo confiable (todos los usuarios tienen acceso a la totalidad de la información almacenada en la base de datos distribuida), compartición y descentralización, o lo que es igual; un mismo duplicado de la base de datos en todos los nodos.

La cadena de bloques es irreversibilidad, esto significa que, una vez registrado un dato, no puede ser alterado ni borrado. Desintermediación, sin árbitro central que supervise los movimientos. Los participantes toman sus decisiones con total y libre consenso o determinación. La cadena de bloques vincula toda la serie de transacciones e incorpora una "marca de tiempo" que da claridad y trazabilidad a los procedimientos sin por ello transgredir *a priori* la privacidad de los usuarios. Hay facilidad para tener conocimiento del camino y el contenido, pero no siempre es factible inferir en la identidad del usuario.

Los participantes tienen la oportunidad de adoptar tres roles: usuarios con el derecho abierto para consultar una copia de la base de datos compartida (accessors), participantes con la libertad de realizar transacciones (Participantes) y usuarios encargados de validar y confirmar las operaciones y crear bloques (Minero). Todos con la posibilidad de una copia validada y única de la base de datos.

Algunas APIs dentro del ecosistema Bitcoin:

- **Receive Payments API:** En su versión 2 de esta interfaz está disponible desde el 1 de enero de 2016. De una manera sencilla permite a una empresa o negocio comenzar a aceptar pagos automatizados en Bitcoin. La API se basa en peticiones HTTP GET y tiene como objetivo principal la creación de una dirección única por cada usuario y por cada emisión de factura en cada operación con Bitcoin. Condición imprescindible para una buena y garantizada praxis.

- **Blockchain Wallet API:** A partir del 1 de enero de 2019 es necesario instalar un servidor local para la gestión del monedero virtual y así dar uso a esta API. Una base de llamadas HTTP, POST o GET es el método de comunicación por ella utilizada. El proceso mediante el cual se crea un monedero virtual recibe el nombre de *create_wallet*. Cada monedero creado está vinculado a una contraseña con una longitud mínima de 10 caracteres, un código de autenticidad de la API, una clave privada por usuario, una carpeta donde se creó dicho monedero y una dirección de correo electrónico.

- **JSON RPC API:** Activada desde marzo de 2016. La sugerencia universal encomendada a todos los usuarios de Bitcoin es utilizar la novedosa Blockchain Wallet API, muy a pesar de que las llamadas de la interfaz están basadas en RPC, esta sigue siendo afín con el pasado protocolo Bitcoin RPC para generar interacción con los monederos virtuales. La API puede ser instalada y utilizada a partir de librerías en una amplia gama de lenguajes de programación: Sintaxis como Python, Ruby, PHP, Node.js y .NET.

Otras APIs:

- Blockchain Data API
- Query API
- WebSocket API
- Exchange Rates API
- Chars & Statistics API

Quien desee está en libertad y disposición de utilizar Bitcoin, lo fundamental y necesario es la instalación de un monedero virtual en un dispositivo. No se precisa gozar de excesivos conocimientos y dominio pleno de aspectos técnicos y tecnológicos para iniciarse en el uso de esta preciada criptomoneda, ya que funciona al igual que otra moneda digital y procesamiento de pago online.

Conviene tener muy en cuenta que cada transacción hecha por el usuario a través de Bitcoin, luego de verificada, es añadida a la cadena de bloques o Blockchain, a partir de entonces el usuario comenzará a formar parte de un registro de contabilidad compartida por los demás usuarios.

Una constitución de elementos y recursos en interacción plena y constante, conforman el fascinante ecosistema Bitcoin desde Block-chain, garantizando funcionalidad excepcional, segura, puntual y universal, llegando a cualquier usuario a nivel global con total garantía y protección.

Minería de Bitcoin

Bitcoin es una red de computadoras conectadas todas entres sí. Es una red de topología plana, esto significa que todas las computadoras entrelazadas, actúan con el mismo nivel de importancia, aunque es probable que pueda existir alguna que otra diferencia entre ellas.

Todas estas computadoras conectadas en red y en ese mismo esquema jerárquico, realizan a la par el mismo tipo de operaciones, algo tan simple, como propagar entre ellas las transacciones que el propio nodo (*en el contexto Bitcoin se refiere normalmente a un ordenador que tiene descargado el software Bitcoin-QT o Bitcoin Core para participar en la red entre pares*), u otros nodos generen y así cualquier otra comunicación más.

Todas estas computadoras son de forma simultánea y al mismo tiempo cliente y servidor, realizando solicitudes o peticiones, de la misma manera cuando visitamos una página web, dando instantáneamente y en conjunto, respuesta a las peticiones recibidas. Algo así como cuando buscar visitar bitcoin.org y su servidor te envía su página. Esto quiere decir que los computadores de Bitcoin se comunican entre sí 24/7 y "hablan" constantemente siguiendo las reglas del protocolo Bitcoin.

La Minería de Bitcoin está diseñada con la firme intención de ser en sí misma un recurso intensivo y de dificultad, de tal manera que el número de bloques que reciben los mineros permanece intacto e inalterable. Todos y cada uno de estos bloques individuales deben contener una Prueba de Trabajo para que sea calificado y considerado como válido. Esta Prueba de Trabajo es verificada y confirmada por otros nodos de Bitcoin cada vez que es recibido un nuevo bloque. Bitcoin se respalda en el uso de HashCash como función principal de Prueba de Trabajo.

La minería de Bitcoin tiene como propósito principal, permitir que sus nodos logren alcanzar la forma de llegar a un consenso seguro y resistente a la manipulación. La minería es también el mecanismo propio utilizado para introducir Bitcoins en el sistema. Los mineros reciben como paga por sus honorarios de transacción algo así como un "subsidio" de monedas de nueva creación.

Se le llama minería a este proceso de Bitcoin, por su semejanza a la extracción de otros productos básicos, lo cual requiere esfuerzo para lentamente obtener una nueva moneda la cual estará disponible a un precio que se asemejará a la velocidad con que las materias primas son extraídas, tal como por ejemplo el oro se extrae de la tierra.

Dentro del sistema Blockchain, los encargados de generar nuevos bloques son los mineros, quienes los añaden al final de cada cadena. Y según está establecido en los protocolos de Bitcoin, deben realizar este procedimiento cada 10 minutos en promedio. Cada uno de los bloques minado contiene un registro pormenorizado de diferentes transacciones realizadas en cada periodo de tiempo sugerido. Una vez añadidos al final de la Blockchain, actualizan su registro. Como se puede ilustrar, es un proceso continuo e indetenible.

Proceso de minado de bloques

Para producir o crear un nuevo bloque, los mineros encargados de tal actividad deben dar solución a importantes dificultades matemáticas. Al dar con el resultado efectivo válido para la red, se da por minado un bloque nuevo. Esta recompensa es reconocida como "La Recompensa del Bloque".

Cada 10 minutos aproximadamente es creado un nuevo bloque en Bitcoin. Por lo que a cada momento que es hallado uno, se inicia el minado para otro bloque, dado que estos están conectados matemáticamente o concatenados entre sí.

- **Transacción:**

El proceso de minado que dará origen a un nuevo bloque se inicia al momento en el que un usuario decide enviar un monto estimado en criptomonedas a otro usuario. Para ello, envía la transacción en cuestión con todos sus datos desde la wallet, mientras aguarda el tiempo de respuesta necesario para que la red trámite y de por aprobada la operación. En ese bloque permanecerán mientras llega el momento de ser minado el próximo donde se podrán incluir y validar.

- **Compilación:**

Las transacciones que se mantienen diferidas o bajo estatus pendiente en la red, serán seleccionadas para luego conformar grupos en un bloque de transacciones por parte de los nodos mineros. Existe, y está dada la posibilidad de que distintos mineros tengan en su poder las mismas operaciones al mismo tiempo, pero estas estarán sin confirmación ni aprobación hasta que sea minado el siguiente bloque.

- **Formación:**

Las transacciones incluidas para conformar y luego minar un nuevo bloque, son seleccionadas de forma personal por cada minero. En dado caso que existan transacciones que hayan sido validadas y ya incluidas en un nuevo bloque, serían eliminadas de este otro. Al nuevo bloque se lo conoce con el nombre de candidato, pues no ha sido aprobado por no disponer de la validez de una prueba de trabajo.

Al momento de formarse un nuevo bloque, es imperativo incluir en él un encabezado que deberá contener el hash del bloque precedente, la raíz de Merkle y los datos e información requerida para la competencia minera. Es decir, necesita incluir la marca de tiempo, el propósito del algoritmo de PoW para el bloque, versión de software y el nonce.

- **Prueba de trabajo:**

Para cada bloque que haya sido conformado por su respectivo minero, se deberá buscar una firma válida, esta es la llamada prueba de trabajo. Cada bloque formado en particular pasa por un proceso de cálculo matemático que es realizado por su respectivo minero. Con lo cual, si el procedimiento es el mismo, el resultado será completamente diferente y único para cada bloque. Hay mucho poder computacional en este complejo proceso de cálculo, generando un consumo excesivo de energía eléctrica que dependerá proporcionalmente de la dificultad del sistema para su momento de minado.

Cada minero busca su solución, esta solución recibe el nombre de hash. Es una función compleja de encontrar, sin embargo; una vez encontrada es bastante sencillo de verificar a través de los otros nodos. De esta manera se podrá comprobar que el hash de salida cumple con todas las condiciones instituidas por el sistema.

Lograr encontrar un hash de salida resulta en un trabajo arduo y repetitivo de cálculos matemáticos realizado por parte de los mineros, una y otra vez a través de un nonce, un número de carácter aleatorio utilizado y que es cambiado frecuentemente hasta que es encontrada la firma o hash de salida válido según la condición del caso. No existe manera alguna de predecir cual nonce dará resolución al problema, con lo cual deben ser empleados tantos y todos lo que sean necesarios. Esta situación es para miles de millones de valores.

EN EL CASO de la red Bitcoin, su sistema estipula que cada hash de salida debe contener en su estructura un número determinado de ceros al inicio del mismo.

- Transmisión:

Una vez que el nodo minero consigue dar con un hash de salida válido a favor de un bloque, este es transmitido unido a la firma con los demás nodos de la red para que todos logren ser validados.

Actualmente y mientras no hayan sido emitidos, como se ha dicho; 21 millones de Bitcoins, cada minero recibe su recompensa que la establece el minado, colocando nuevos Bitcoins en circulación. Todo esto queda registrado en sus propios nodos, los demás nodos de la red lo harán en el siguiente paso.

Todos los mineros recibirán las respectivas comisiones de minado que los usuarios de Bitcoin hayan colocado en sus operaciones que configuren el bloque; indistintamente de que se hayan emitido o no todos los Bitcoins.

- Verificación:

El restante de los nodos de la red serán los encargados de verificar y validar que tanto el bloque como el hash, cumplan con todas las condiciones del sistema, corroborando su legitimidad y comprobando si en efecto contiene la cantidad que está establecida por la red.

En la verificación también se ratifica la Prueba de Trabajo, esto se traduce en que el poder computacional consumido para hallar la solución, da crédito al minero que descubrió el bloque quien indudablemente podrá hacer uso libre de los Bitcoins recién recibidos.

- **Confirmación:**

Una vez que el nuevo bloque es cargado a la blockchain, los siguientes bloques que sean incluidos sobre este serán considerados como confirmados. En este caso podríamos llegar a tener presente la posibilidad de que cada minero, al iniciar el proceso con un bloque de su propiedad; puede continuar con el proceso de minado. Pues no es así. Cuando se genera un nuevo bloque, los nodos mineros están estructurados para iniciar el proceso conformando un bloque de transacciones nuevo. No es factible continuar minando a partir de un bloque anteriormente formado, motivado a que cada bloque debe recibir el hash que corresponde al bloque que le precede.

Es por ello que la tecnología es conocida como cadena de bloques de blockchain. Así, cuando el minero logre conseguir el hash válido requerido, con seguridad se han podido haber minado otro conjunto de bloques nuevos. De esta forma, el hash de salida de su bloque ya extraído no podrá coincidir con el hash de salida del último bloque que fue añadido a la cadena, este sería rechazado. Además, resultará bastante probable que las transacciones o la mayoría de ellas, contenidas en el bloque en cuestión, hayan sido añadidas a otros. Inclusive, si se logra minar el bloque, la mayoría de sus operaciones serán rechazadas e invalidadas.

- **Bitcoin en la Práctica**

Esta criptomoneda aparece como un recurso confiable para el

pago de productos, servicios y bienes sin la participación de terceros. La posibilidad de adquirir Bitcoins puede resultar práctica y sencilla, siendo su aceptación por parte de establecimientos comerciales, negocios y tiendas físicas; cada vez más amplia.

La primera operación o transacción reconocida, que constituyó el primer gran valor para la naciente Bitcoin fue la compra de un par de pizzas en la cadena Papa John's. En esa negociación digital fueron transferidos 10.000BTC, los cuales representaron en dinero fiduciario la cantidad de 30$USD. El voto de confianza puesto por esta cadena de alimentos y el interés de Laszlo Haynek por utilizar su monedero digital de Bitcoin, invitaron a un número incalculable de tiendas físicas y digitales a formar parte de esta experiencia en la red.

- **Viajes, Turismo, Ocio y Tiempo Libre**

Si estás pensando en viajar, te encuentras planificando tus próximas vacaciones, deseas tomar un crucero o revivir tu inolvidable Luna de Miel, pagando con tus Bitcoins, a continuación te presentamos una lista de especialistas en turismo, dispuestos a hacer realidad tu sueño... ¡Usar tus criptomonedas!

- **Destinia:** Empresa española de Viajes y Turismo que ofrece paquetes, alojamientos, servicios aéreos, cruceros y escapadas; acepta pagos en Bitcoin y Bitcoin Cash
- **13Tickets:** Venta de boletos para todo tipo de eventos y que logró un convenio con el Real Madrid para ofrecer a los visitantes, los tickets para un recorrido por el Santiago Bernabeu, pagando por medio de Bitcoins.
- **Virgin Galactic:** Si tu ilusión de viaje en estas nuevas vacaciones es vivir una experiencia extrema y alcanzar alturas más allá de un vuelo normal, Virgin Galactic es la respuesta. Llega a la atmósfera y haz tus pagos en la red usando Bitcoins.
- **CheapAir:** Empresa dedicada a la promoción, reserva y venta a través de internet de servicios aéreos, alquiler de

vehículos y reserva de hoteles alrededor del mundo, pone a disposición de sus clientes su actualizada plataforma de pagos a través de Bitcoin.

- **Atom Travel:** Mayorista de turismo con más de 30 años de experiencia en la industria, ofrece diseño, planificación de desarrollo de servicios turísticos a todo nivel, contando con los mejores corresponsales regionales en hotelería, vehículos, cruceros, parques y vuelos, cuenta con su propia plataforma de cobros en Bitcoins.

VIDEOJUEGOS

Para los aficionados a juegos de video y quienes deseen tener en sus ordenadores y dispositivos de distracción digital, muchas empresas dedicadas a este rubro ponen a disposición de sus seguros clientes a través de la web, una amplia variedad de juegos que pueden ser adquiridos mediante pago bajo la plataforma de Bitcoin.

Cabe destacar que la empresa más grande del mundo para este mercado, Valve; dejó de operar con pagos mediante Bitcoin en su plataforma Steam, a causa de las variaciones de la criptomoneda y el incremento de las comisiones; asegurando que en un futuro cercano retomaran el sistema de pago, el cual calificaron de efectivo, seguro, rápido y puntual. Sin embargo existen cientos de compañías que hoy por hoy utilizan esta modalidad de facturación:

- **Steam:** Una plataforma virtual para juegos en línea que cuenta con millones de usuarios inscritos, impulsa el Bitcoin como una de sus criptomonedas aceptadas.
- **Joltfun:** A través de las webs de esta reconocida empresa es fácil, rápido y sencillo utilizar tu monedero virtual Bitcoin para comprar los juegos de tu preferencia.
- **G2A:** Tienda digital para venta de videojuegos a través de códigos multiplataforma, que figura en la lista de las más

importantes del mundo, cuenta entre sus modalidades de
pago; operaciones con Bitcoin.

- **Bitrefill:** La web de esta empresa es una gran oportunidad
  para los aficionados a los videojuegos, ya que te ofrece
  comprar tarjetas y abonar saldo en tiendas de juegos
  electrónicos y así, acceder a estos de manera sencilla y
  práctica. Adicional a ello, Bitrefill brinda a sus clientes
  soporte técnico para pagos instantáneos utilizando
  Lightning Network.
- **Instant-Gaming:** Especializada en las ventas de códigos
  para juegos electrónicos para diversidad de plataformas,
  admite el Bitcoin como uno de sus formatos de cobro.

INFORMÁTICA Y ELECTRÓNICA:

Dentro de los múltiples sectores productivos de la economía
mundial que han depositado gran confianza en el mercado y tecnologías digitales, dando posición sobresaliente y preponderante a los
sistemas de facturación mediante Bitcoins y que lo hace figurar en un
puesto de gran relevancia; es la industria informática y electrónica,
considerando sus grandes dinámicas, variantes constantes y tecnologías novedosas. Pareciera que ambas, la industria informática y las
criptomonedas; viajaran de la mano.

A continuación, una breve lista de aquellas empresas asociadas al
sistema de pagos con Bitcoin.

- Microsoft: A pesar de que la modalidad de pago con
  Bitcoins no está disponible en el mundo entero, para
  Estados Unidos esta empresa abre las puertas a los pagos
  con esta criptomoneda, por medio de la cual pueden ser
  compradas varias licencias, equipos, membresías y otros
  servicios.
- Hostinger: Website que promociona, ofrece y provee
  servicios para la compra de hosting, dominios y los

servidores virtuales más reconocidos del mundo; opera
pagos con Bitcoin en sus plataformas de facturación.

- ExpressVPN: Empresa especializada en la venta de
servicios VPN para más y mayor privacidad en internet
para usuarios que buscan mantener su presencia en
reserva a través de la web; adquieren sus servicios
pagándolos también en la modalidad de Bitcoin.
- WordPress: La plataforma de blogs más grande en el
mundo es una de las que se suma a esta forma
criptográfica de compra y venta.
- Namecheap: Empresa especializada en servicios de
hosting web, digitales y de ciberseguridad, nombres para
dominios (DNS) y otros servicios, con trayectoria amplia y
reconocida, vio en esta criptomoneda; una oportunidad
para ampliar su rango de acción.

Así pues, la lista es excesivamente amplia para detallar todas y
cada una de las áreas comerciales y de producción como industrias,
empresas y organizaciones de salud, prevención, producción de
alimentos, manufactura, servicios inmobiliarios, comunicaciones,
transporte, etc., que han incorporado en sus plataformas de compra y
venta el sistema seguro y garantizado de Bitcoin como una herramienta y recurso importante con prestigio facilitadora en sus transacciones. No cabe duda que todo lo anteriormente expuesto, totalmente
comprobable, representa para la criptomoneda Bitcoin, una maravi-
llosa carta de presentación para su crecimiento y expansión.

Transacciones:

Envío o traslado de fondos económicos o valor entre dos partes.
Para Bitcoin estas operaciones representan registros que serán almacenados en su sistema Blockchain. Las transacciones representan una
manera segura y sencilla de utilizar dinero digital bajo diversas plataformas, los pagos electrónicos conforman un completo para la
economía moderna.

El ambiente donde se da cabida al movimiento y funcionamiento
efectivo de las criptomonedas, está en las transacciones, las cuales

representan el núcleo operativo del sistema para pagos digitales; abriendo el abanico de opciones para utilizar dinero rápido, fácil y seguro en operaciones confiables.

Las transacciones con Bitcoin son seguras, están protegidas y brinda confianza; contando con una estructura tecnológica avanzada y ofreciendo monitoreo además de formación y educación a sus usuarios o suscriptores. El transporte electrónico del dinero digital a través de Bitcoin forma parte de una actividad minuciosamente atendida con mucho tacto, para dar tranquilidad y brindar respaldo en todo momento.

En Bitcoin, las transacciones se traducen como el envío de criptomonedas entre dos personas a través de la red, y como ya se ha dicho; sus registros quedan archivados o guardados en la Blockchain, cadena de bloques. Ahora bien, para poder contar con la opción de realizar una transacción, debe existir un recurso que permita la misma; nos referimos entonces a un monedero digital o wallet, desde el cual podremos administrar y manejar nuestros fondos o criptomonedas. Los monederos digitales o wallets, son elementos de software que facilitan la transferencia de fondos que tendrá su origen en la Blockchain o cadena de bloques.

Una transacción de Bitcoin cumple con cierto y determinado protocolo, mediante un minucioso proceso tecnológico conformado por elementos garante de seguridad, protección y garantía de efectividad.

- **Entradas:** Las entradas o *inputs* son referencias básicas que representan una transacción pasada que no ha sido procesada en otra. Las entradas facilitan la comprobación y ratificación de la procedencia de dichos fondos a ser utilizados en una futura transacción. Allí, en las entradas; figura la dirección de proveniencia de Bitcoins.
- **Salidas:** Las salidas u *outputs* son las que poseen la información básica de dirección de envío y cantidad que fue transferida. De igual forma en ellas están almacenadas todas las direcciones de retorno o cambio hacia donde se

envían las vueltas de dichas transacciones, considerando que en una sola transacción podrán existir varias salidas.

- **Identificador:** El identificador o *TXid*, es único y no se repite, ya que es este el que permite dar personalidad propia y exclusiva a una transacción en particular dentro del sistema de blockchain. Es a lo que llamamos, el propio hash a cada operación.
- **Tarifa de comisión:** La tarifa de comisión (fee), es el pago por honorarios o servicios que recibe un minero tras procesar una transacción. Por cada bloque que sea generado por un minero, Bitcoin también generará una comisión o pago a favor del minero, toda esta movida por cada transacción tramitada satisfactoriamente del bloque creado.

El minero que haya generado un nuevo bloque tras una transacción concluida, no recibe la comisión de forma explícita ni se conjuga con alguna salida, esto así; porque no se sabe quién será el minero beneficiado con tal fee. Bitcoin dejará una cantidad específica sin mancomunar a ninguna salida, la cual se interpretará como comisión para los mineros.

Las ventajas de realizar transacciones con Bitcoin se traducen en:

- **Rapidez:** Comparada con el sistema financiero tradicional; el cual tras horas de trámite o incluso días, daría a sus usuarios una respuesta; con Bitcoin este proceso es inmediato y más económico.
- **Irreversibilidad:** Pues una vez que una transacción es efectuada y añadida a la cadena de bloques, es prácticamente imposible revertirla. Sumado a ello, después de realizar una transacción no hay forma de cancelar o reembolsar, lo cual representa ventaja para varios sectores de la economía y las finanzas.
- **Seguridad:** Siempre a favor de Bitcoin, ya que sus operaciones se realizan mediante direcciones públicas y

claves de acceso privadas, permitiendo al usuario disponer libremente de sus fondos y de igual manera recibir pagos, seguros y sin ningún tipo de riesgos.

- **Comisiones más económicas:** Ya que los fee destinados a ser pagados a los mineros por su generación de bloques, son realmente bajos, esto si lo comparamos con la banca tradicional, donde las comisiones por uso de canales y consultas son altas y van en aumento junto con la inflación que haya lugar.

Las transacciones en criptomonedas y muy puntualmente en Bitcoin, sólo representan algunos centavos, ya que estas no son proporcionales al monto de la transacción realizada, sino según el tamaño de la misma; de esta manera el usuario verá un rendimiento sustancial por cada movimiento realizado con su dinero digital, sin importar la cantidad de operaciones, consultas, transacciones y demás actividad realizada en la plataforma.

Reserva de valor

Los más recientes indicadores económicos y financieros están dando por sentado que el Bitcoin se ha venido posicionando como una muy importante reserva de valor en el mundo, dejando a un lado al oro como el principal activo de refugio más seguro.

Como lo hemos visto y podemos comprobar, Bitcoin sigue ganando terreno ahora en un ámbito por demás inquietante para muchos; pues entre los inversores institucionales despierta total interés el hecho de que la criptomoneda ha representado disminución de volatilidad con respecto al oro, algo realmente inédito y que no deja de sorprender a los analistas. Ya que se habla de dinero digital que supera la posición del oro como reserva de valor. Este hecho bien puede causar que sea generada una adopción inmensa y de generalizada aceptación de Bitcoin como fondo de reserva financiero. Todo ello basado en el hecho del rendimiento que ha registrado Bitcoin frente al oro desde mediados del año 2020.

Muchos expertos económicos y analistas financieros, han argumentado que esta tendencia podría darle un gran giro a Bitcoin y convertirlo en una última instancia en un refugio seguro y preferido para los inversores al tiempo que la narrativa de un oro digital, viene ganando espacio.

Es importante mencionar que, a inicios del 2021, específicamente para los primeros días del mes de febrero el estratega de Bloomberg Mike McGlone, declaró que la criptomoneda número del mundo alcanzaría rápidamente un valor de 50.000$USD por BTC, al tiempo que gran número de inversores convertían sus fondos de oro en Bitcoin. A mediados de mes la cifra predicha fue alcanzada.

Para todos los Bitcoiners, usuarios activos de la criptomoneda, el panorama a mediano plazo les resulta bastante optimista y alentador. Han visto un crecimiento importante en el valor de la moneda día tras día, y sumado a ello; las proyecciones de expertos, quienes afirman que para el año 2022 Bitcoin estará cotizado en 170.000$USD por unidad, antes de consolidarse como oro digital. Una noticia, estudios y declaraciones intensamente entusiastas.

Coexiste una batalla virtual de refugio entre el oro y el Bitcoin, saliendo fuertemente favorecido este último. Los números y cotizaciones así lo demuestran:

En la actualidad, el valor del BTC se cotiza por encima de los 59.000$USD, mientras 1oz de oro de 10k ha mostrado una baja, llegando a cotizarse en 727,33$USD.

Para muchas personas, expertos y conocedores en la materia sobre dinero digital, es válida y hasta aceptable la idea y consideración de posicionar a las criptomonedas, en especial al Bitcoin, como una importante reserva de valor, la cual; y como hemos visto, podría incluso sustituir al oro en un futuro no muy lejano, apoyado en que la criptomoneda no está regulada ni bajo condición de ninguna entidad o gobierno.

Una reserva de valor es la gran oportunidad que se tiene para que el dinero no sufra los inminentes embates y ataques que a diario vemos producto de la deflación e inflación de la moneda, es una manera de salvaguardar un patrimonio. El oro y el Bitcoin son los dos mejores ejemplos de y activos más utilizados como reservas de valor, pues se proyecta que, si la economía se derrumba, estos se mantendrán en pie firme.

Bitcoin Halving

Además de ser la moneda digital en primer lugar del mundo, también ha implementado, gracias a una destacada tecnología de punta; relevantes programas y sistemas operativos que han sido incluso, adoptados por otros servicios de criptomonedas; Estamos haciendo referencia directa acerca del halving, que más que un procedimiento estructural; es un importante recurso en el cual la ganancia de bloque de una criptomoneda se fragmenta en dos partes exactamente iguales con el firme propósito de minimizar su nivel de emisión.

Desde entonces el halving figura como uno de los procesos de mayor importancia dentro del procedimiento económico de Bitcoin. Halving de Bitcoin es un proceso computarizado que fue creado como recurso para estimular la minería a través de Prueba de Trabajo. Bitcoin puso en marcha su proceso de halving, considerando que el número de Bitcoins que podría existir llegará a ser finita y la configuración de su software está determinada sólo para 21 millones de criptomonedas exactamente.

El software está diseñado para liberar los Bitcoins y así recompensar a los mineros, mientras van creando bloques y validando transacciones, como ya lo hemos indicado; cada 10 minutos. Halving es un proceso que siempre está activo y que no se detiene, la cantidad de Bitcoins a liberar nunca es la misma, está es indeterminada, ya que el software está diseñado para llevar a la mitad una cantidad de bloques cada cierto espacio de tiempo.

El proceso también está diseñado para determinar un tiempo hasta que haya finalizado la emisión de las criptomonedas y así lograr un modelo deflacionario y lograr que el valor de Bitcoin vaya en aumento progresivo. Este proceso se ejecuta estrictamente de forma automática, tal como fue establecido y se encuentra configurado en su código interno de procesamiento, sin patrones ni algo similar, el proceso marchará como tal.

No está programado cada cuánto tiempo ocurrirá un halving, es impredecible e incalculable en qué momento minará un bloque. Lo que sí es viable es que mediante una media histórica y viendo reportes de minado, hacer un cómputo promedio para estimar ese momento. Los halving de Bitcoin ocurren cada 210.000 bloques, considerando que la media de la red es cada 10Min.

Entonces un halving puede ocurrir cada 4 años, así:

Multiplicamos los 210.000 bloques por 10 minutos, tiempo promedio de creación de bloques. Obtenemos 2.100.000 y lo dividimos entre 60 minutos, resultado: 35.000 horas, dividido entre 24 (1 día) = 1.458,333 días y volvemos a dividir en 365 (días que representan un año)= 3,995 años

Un halving ocurre en promedio, cada 4 años. El próximo evento halving, según cálculos históricos y los anteriores ocurridos el 28 de noviembre de 2012, el 09 de julio de 2016 y el 22 de mayo de 2020; se produciría el 5 de mayo de 2024 a las 07:06HRS UTC.

Cuando un recurso o herramienta se destaca por su versatilidad, efectividad, productividad, seguridad y confianza; se convierte en un instrumento de avanzada y este mismo prestigio lo obligará a ser mejor cada día. Halving de Bitcoin resultó en eso, la herramienta referencial y útil por el sistema criptográfico mundial, donde la mayoría de las criptomonedas lo adoptaron y tomaron para sí. Todo ello en beneficio de los participantes globales dentro del sistema.

Los Forks de Bitcoin y por qué no debes invertir en ellos

En el mundo de la programación y la informática se entiende por forks (bifurcación), la modificación de código que se efectúa a un software libre. Un código bifurcado por lo general suele ser muy similar al original, solo que este tiene modificaciones importantes, sin embargo, ambas versiones de software pueden ser compatibles.

En determinadas o ciertas ocasiones un fork es utilizado como recurso de pruebas a un software, ahora bien; en el campo de las criptomonedas, estos forks son utilizados para instaurar importantes cambios de sistema o crear una nueva moneda con características similares y muy parecidas a la genuina.

Cuando una misma criptomoneda es dividida en dos, ocurre un evento conocido como Hard Fork (también existe el Soft Fork que explicaremos de manera sencilla) o Bifurcación Dura. En este proceso se realiza el cambio de código existente de la criptomoneda a copiar, dando como resultado dos versiones "similares" de una misma moneda. Tendremos entonces como resultado de Hard Fork, una moneda nueva tomada de una original o antigua. Dos monedas de un mismo espécimen.

Definamos:

- **Soft Fork:** También Bifurcación Suave. Es el proceso en el cual las dos versiones de un mismo software son compatibles entre sí.
- **Hard Fork:** También Bifurcación Dura. En este proceso las dos versiones de un mismo software son incompatibles.

Como podemos comprender, ambos tipos de forks resultan en dos versiones distintas del mismo software y a su vez, dos versiones desiguales de blockchain y dos versiones desiguales de token o monedas, pero un Hard Fork busca crear dos cadenas de blockchain o monedas incompatibles, mientras que un Soft Fork produce dos versiones compatibles de token y software.

Un ejemplo interesante de Soft Fork de Bitcoin, lo tenemos en SegWit, la cual fue proyectada para crear dos versiones compatibles del mismo software compartiendo una sola moneda. Ambos softwares de SegWit, el original como el replicado usan el mismo Bitcoin.

Bitcoin Cash

Producto de una Hard Fork, Bitcoin destinó su proceso de creación a consolidar esta nueva moneda como un activo diferente y de distinto valor. Luego de este evento, Bitcoin y Bitcoin Cash se transformaron en dos monedas virtuales perfectamente diferentes, tanto que es imposible transferir Bitcoin Cash (BCH) a la Blockchain de Bitcoin (BTC) y viceversa, pues sus cadenas no son compatibles.

BITCOIN SV

Bitcoin Satoshi's Version, Bitcoin SV (BSV). Sustentada por la red

Peer-To-Peer, es una moneda que surge como parte de los proyectos producto del código genuino de Bitcoin (BTC), abriéndose paso a partir de una bifurcación en la cadena de bloques, desde otra moneda también bifurcada, la Bitcoin Cash (BCH). A pesar de ser un proyecto tomado de Bitcoin (BTC), cuenta con modificaciones primordiales que modifican la metodología para su minería y almacenamiento de datos en su cadena de bloques. Bitcoin SV, así como Bitcoin (BTC), es también una moneda digital descentralizada útil para negocios, operaciones y transacciones en la red virtual.

Es importante resaltar que por lo general no todos los procesos de Bifurcación Dura y no siempre, proceden a originar una moneda virtual nueva con valor propio, también pueden crearse como actualización de software, resultando de ellos, otra moneda o token.

¿Por qué no invertir en ellas?

Toda inversión de mercado tiene sus riesgos tanto en negociaciones tradicionales como las de nueva tendencia vía digital, y la inversión en criptomonedas no escapa de esta polémica. Desde la aparición de la primera moneda digital o criptomoneda en el mundo, cuando vio la luz Bitcoin (BTC), muchas comenzaron a aparecer, algunas no lograron mantenerse otras siguen tan activas y productivas con Bitcoin (BTC) y de la cual surgieron, mediante un proceso de bifurcación las dos vistas líneas atrás: Bitcoin Cash (BCH) y Bitcoin SV (BSV).

Sin discusión, Bitcoin (BTC) se mantiene líder en el mundo de las monedas virtuales, creciendo a tal magnitud que ya se vislumbra como una reserva de valor que se cree, superará al oro, quizás sea esta una de las razones de su crecimiento indetenible. Pero, ¿Por qué no invertir en Bitcoin Cash (BCH) y Bitcoin SV (BSV)?

Solo algunos aspectos breves y luego querido lector, considera tus propias conclusiones:

- Bitcoin Cash (BCH) resulta ser como una versión nueva de Microsoft Word, que te permite generar documentos con fantásticas novedades pero que ya no se pueden abrir ni ver a través de las versiones anteriores.

- Muchos críticos y analistas, especializados en la materia consideran que Bitcoin Cash (BCH) es una moneda excesivamente centralizada y que puñado inmenso de mineros fabrica la mayoría de las monedas.
- Bitcoin Cash (BCH) y Bitcoin SV (BSV), tienden a ser una bifurcación concebida y creada como parte de una filosofía radical y controversial. En consecuencia y por tal razón son consideradas y valoradas como herramientas o instrumentos criptográficos de inversión con alto riesgo.
- A pesar de que el equipo de Bitcoin SV asegura contar con desarrollos eficientes, las operaciones son susceptibles de vulnerabilidad en la red por doble gasto.
- Se hace del nombre y la marca 'Bitcoin' para ganar popularidad, pero realmente no ofrece elementos realmente revolucionarios o positivos.

EL PRECIO del Bitcoin

Ha sido expuesto en varias ocasiones en el transcurso de este trabajo, sin embargo, repasemos y recordemos un poco que Bitcoin es un sistema financiero digital descentralizado, pues no pertenece a ningún gobierno o empresa que lo regule y no tampoco es considerado moneda legal en ningún país. Todas sus operaciones y transacciones son digitales y se negocia a través de criptomonedas. Bitcoin es una moneda cada día más fuerte, más poderosa y una reserva de valor con grandes expectativas financieras alrededor del mundo.

¿Cómo se determina el precio del Bitcoin?, ¿Por qué sube y baja a cada segundo? El precio del Bitcoin es determinado por quienes deseen participar en su transacción de compra-venta, es decir; sus suscriptores y usuarios que hacen vida en esta plataforma de dinero digital. Indistintamente de las dinámicas y movimientos financieros constantes, siempre serán sus usuarios quienes fijen su valor.

La actividad económica de la cual es partícipe Bitcoin brinda la posibilidad de ser distribuido libremente y beneficiarse de él. Los productores de Bitcoin, los mineros, tienen la facilidad de proponer un precio para la criptomoneda al momento de ofertar su venta a sus interesados y así llegar a un acuerdo mutuo. Entre ellos harán propuestas de valor exponiendo un precio con la idea de que la otra persona lo acepte, para, entre regateos y vaivenes; terminen aceptando un monto que satisfaga a las partes involucradas.

Vía telefónica o sentados tomando un café podemos hacer nuestros negocios, pero en un mundo totalmente globalizado y digital, resulta más práctico, seguro y común ver estas negociaciones en ambientes online, optimizados y especializados en criptoactivos; las conocidas plataformas de trading Bitcoin, donde el interesado en la venta podrá publicar su propuesta a un precio deseado.

El precio del Bitcoin tiende a variar o fluctuar a cada momento, al igual que cualquier otro tipo de producto. El valor del dólar, el euro, la libra, etc., también varía, basta con tan solo dar un vistazo a cualquier indicador para comprobarlo. La misma dinámica que vive nuestra sociedad hace el mismo movimiento de fluctuación. Todo sube y todo baja.

Está claro que no existe en el mundo una plataforma única dedicada a la comercialización exclusiva de criptomonedas, en especial para Bitcoin, son muchas las que ofrecen estos servicios de oferta y demanda, teniendo en su haber cada una sus propias condiciones operativas y políticas de negociación que serán aceptadas por los interesados que generan el movimiento-valor de la criptomoneda.

Indistintamente a tales características del mercado, todas tienden a buscar un punto de equilibrio y valor más o menos igual. Cuando se dan diferencias muy notorias entre dos productos o elementos afines, el público consumidor, comprador o inversor, optará en hacer su negociación por el más barato para luego vender sobre la referencia del más caro. Así ocurre a cada instante y puede ser visto, como se ha dicho; en los indicadores de libre consulta en la web. Esto se llama libre arbitrio de venta, buscando dar uniformidad a los precios en las diversas plataformas de intercambio de valor.

¿Por qué es deflacionario? Uno de los puntos mas importantes

Bitcoin es deflacionario por naturaleza y en ello encontramos dos reglas esenciales que nos darán la respuesta a esta característica de valor en la criptomoneda.

1.- Bitcoin solo emitirá 21 millones de monedas.

2.- Aritméticamente, cada cuatro años en promedio se produce una reducción del 50% en las comisiones de Bitcoins que reciben sus mineros por la validación de bloques, el conocido halving.

Adicional a estos dos aspectos básicos y bien conocidos, se suma el acaparamiento o retención por parte de los usuarios; lo que hará que siga aumentando su valor.

La limitación en la elaboración de criptomonedas, es decir; la cantidad de Bitcoins que existirá, es el primer gran factor de interés que influirá para que la criptomoneda aumente su precio junto al proceso de halving. Estos dos aspectos inducen a que la cantidad de monedas digitales totales a imprimir y a distribuir sea finita y que la liberación de monedas se produzca cada cuarto años.

Esto demuestra la transparencia de los procesos lo cual redunda en un aumento de valor cada 10 minutos y con ello, el hecho de que cada día hay menos cantidad de monedas que estarán en manos del mercado. Una evidencia muy clara de la deflación en Bitcoin.

Bitcoin vs. Dinero FIAT

Tener hoy para que sea mayor y tener hoy lo que se tiende a devaluar. Podemos traducirlo como en poseer Bitcoins ha aumentado su valor y disponer de fondos en dólares o euros que en sí mismos perderán valor día a día.

Bitcoin nació para quedarse, y con él una franja muy bien delimitada que se mantiene firme y separa el dinero de los gobiernos.

Un fenómeno que suele ser llamativo e interesante es el que ocurre y se evidencia cuando ciertos movimientos socio-culturales se hacen públicos y se declaran Anti-Estado y en contra de cualquier corriente política o partidista. Algo así es lo que sucede con el carácter deflacionario de Bitcoin y su relevante posicionamiento en el mercado criptográfico frente a la economía tradicional y el circulante dinero tradicional actual impreso y producido por decreto de sus gobernantes que le dan curso legal institucional, dinero fiat.

Frente al dinero fiat que es emitido e impreso por decretos y orden gubernamental, centralizado, sin respaldo y representación que junto a otras divisas afines vive un constante proceso de devaluación que a su vez genera inflación en sus propias economías, está Bitcoin una criptomoneda; fundamental y definitivamente la introducción y punta de lanza de un sistema financiero global de transferencias representado por un valor creíble y neutral de código abierto sin exigencias de permiso, descentralizado; además criptográficamente seguro, veraz y confiable.

Esta próspera cripto-economía reconocida y aceptada por más de 100 millones de usuarios que se halla aún en su fase inicial, relativamente muy joven y con tan solo 11 años de existencia en el mercado digital, ha transformado esencialmente el mensaje sobre lo que el dinero propiamente dicho podría ser en el presente y en lo tal vez se podría convertir en el futuro.

El tercer halving de Bitcoin, registrado en mayo de 2020, generó una reducción del 50% en las comisiones del bloque Bitcoin otorgada a los mineros quienes están encargados de velar por la validación de transacciones y asegurar la red. Este evento representa una notable distinción entre los sistemas monetarios establecidos por decreto o ley en manos de gobiernos, banca e instituciones y el naciente sistema criptográfico ejecutado por medio de software y programas tecnológicos. Ante la crisis económica mundial que afrontamos en la actualidad, desarrollar un sistema tecnológico monetario es una oportunidad para reactivar sectores productivos a todo nivel.

La capacidad ilimitada que tienen los Estados para imprimir su dinero en el mundo actual opera dentro de un marcado contraste frente a Bitcoin, disminuyendo paulatinamente la emisión a través de una política monetaria inmutable. El halving de Bitcoin en el contexto de la pandemia suministró un punto de partida atrayente para discutir la diferencia central entre los paradigmas de dinero fiat y criptomonetario y la distribución del poder en ambos.

Guardando tus Bitcoins

Bitcoin al igual que otras criptomonedas forma parte o constituye la red de pago Pee-To-Peer (P2P) que es totalmente libre y descentralizada. Significa esto que no existen mediadores ni controladores externos como bancos para registrarte como usuario en una nueva cuenta. El interesado puede hacer este proceso directamente de forma gratuita, online y en tiempo real; además podrá abrir cuantas cuentas desee, no hay límites. Estas cuentas son llamadas direcciones y cada dirección va en conjunción con una contraseña o clave privada que permite certificar quién es su propietario y verificar los fondos de los cuales dispone.

Los fondos almacenados en estas direcciones se controlan gracias a la existencia de las conocidas wallets o monederos de criptomonedas. Los wallets son en realidad softwares especiales que permiten llevar un manejo y monitoreo de las cuentas, fondos, movimientos y estatus de las criptomonedas. Estos monederos de criptomonedas o wallets son los que le permiten al usuario enviar y recibir pagos desde cualquier lugar del mundo en el momento que lo requiera.

Gracias a estos monederos se les permite a los propietarios almacenar sus monedas digitales de forma segura y por demás muy sencilla. Justamente con ese propósito y para tal fin fueron creados. A pesar de que existen infinidad de opciones, todos los wallets tienen algo en común, son una vía expedita para la utilización de las criptomonedas.

Las criptomonedas tienen un funcionamiento muy similar al sistema digital de pagos Zelle, en el cual tu dirección de correo es el identificativo exclusivo para reconocerte como el propietario único de la cuenta. Tu dirección es válida para recibir pagos y también hacerlos a favor de otra persona, utilizando el correo de destinatario que como tal lo identifique.

En el caso de las criptomonedas como lo es Bitcoin, en lugar de utilizar tu dirección de correo, se asigna al usuario una dirección única, especial e irrepetible. Veamos un ejemplo de dirección real para usuario Bitcoin: 1A1zP1eP5QGefi2DMPTfTL5SLmv7DivfNa (la dirección de la wallet de Satoshi Nakamoto por allá en el 2009, hasta hoy en día mucha gente continua enviándole algunos BTC, satoshis, en forma de agradecimiento por haber creado el Bitcoin). Estas direcciones están enlazadas a una clave relacionada matemáticamente en conjunción a una clave privada que se genera cuando se inicia el uso del wallet. La creación es casi infinita y segura, con lo cual es una gran ventaja y respaldo para mantener su cuenta en total reserva.

Los wallets o monederos de criptomonedas son softwares, a través de los cuales Bitcoin permite a sus usuarios guardar sus fondos, administrarlos y desde allí, bajo un soporte técnico de estricta tecnología avanzada, seguridad y privacidad; realizar transacciones y pagos en forma libre, sin intermediarios, desde cualquier lugar del mundo y vía internet desde un ordenador o dispositivo móvil.

Cuando de resguardo y seguridad para nuestros fondos en criptomonedas se trata, sabemos que no es cosa de juegos y no nos lo debemos tomar con ligereza. Por esta imperativa razón fueron creados los hard wallets; dispositivos físicos concebidos para brindar la mayor seguridad y protección posible a los fondos y dinero digital constantemente.

Los hard wallets, como se dijo; son dispositivos físicos los cuales se activan al igual que un monedero digital, solo que, sin necesidad de estar conectados a internet, conservando dentro de ellos en forma segura y reservada el almacenaje de las claves privadas. Estos Hard Wallets forman parte de las conocidas Cold Wallets, cuyo nombre se debe a la condición de trabajo en frío, por no necesitar estar en conexión a internet o a una Blockchain, lo cual las hace de excepcional condición.

Son dispositivos especialmente diseñados con el propósito de brindar seguridad en todo momento. En formatos físicos pequeños (similares a un pendrive), estas unidades HSM (Módulos Hardware de Seguridad) con un nivel de seguridad a escala militar, acceden a la creación de claves privadas que se mantendrán siempre allí, en el dispositivo de seguridad. Si un hardware Wallets es manipulado físicamente de forma fraudulenta con la intención de ingresar a las claves, este se "suicida", dejando el dispositivo en blanco.

Las hard wallets constituyen una de las opciones más seguras, cómodas y garantizadas en el mercado cuando de almacenamiento privado para grandes cantidades de criptomonedas en frío se trata. Todo esto por la protección que sobre las claves privadas brinda dentro de sí, permitiendo además un uso muy cómodo, por lo general vía USB; fáciles de transportar y guardar. Empleando un tipo de chip de alta seguridad, estos dispositivos almacenan todas las claves, las cuales una vez ingresadas no pueden ser copiadas a ningún ordenador ni transferidas fuera de él.

Las funciones básicas de las hard wallets o son únicos dos usos, son generar claves privadas y firmar con esas claves el contenido que sea asignado. Así, la clave privada en ningún momento sale del dispositivo, estará siempre allí, resguardada.

Ledger

Es una empresa tecnológica especializada en el desarrollo para generar soluciones de infraestructura y seguridad para criptomonedas y Blockchain. Entre los diseños bandera ofrecidos al mercado, figuran los Ledger Nano S y Ledger Nano X.

Ledger Nano S: Es uno de los monederos digitales para criptomonedas más recomendados en la industria criptográfica. Ledger Nano S es el dispositivo digital sugerido para almacenar Bitcoins. Es un hardware que permite almacenar diferentes tipos de monedas digitales de la forma más segura y garantizada.

Ledger Nano X: Es el más reciente dispositivo fabricado y ofrecido por la empresa Ledger. Ha sido diseñado y configurado con el hardware más seguro y móvil en el mundo de la criptografía. Conexión inalámbrica en frío tipo bluetooth, apoyará a los usuarios a tramitar sus fondos digitales en movimiento.

Trezor

Al igual que Ledger, Trezor es también una empresa para el desarrollo de soluciones tecnológicas, creadora de las primeras wallets físicas; la cual cuenta con una formidable reputación en la industria de la seguridad e informática. Las wallets de Trezor son también dispositivos físicos capaces de brindar un seguro almacenamiento de las claves privadas criptográficas. Igualmente son wallet determinista (HD), ya que cuenta con la capacidad de generar direcciones de manera ilimitada a partir de la original.

Su sistema operativo es compatible con Android, Windows, OSX y Linux, una vez configurado por vez primera, muestra en su pantalla de inicio, lo que se conoce como "semilla" con 24 palabras claves a partir de un RNG, también en frío y sin conexión a internet. Es importante destacar que la semilla jamás estará fuera del dispositivo, con lo cual Trezor creará un ambiente en solitario para accionar la firma de transacciones off line. Una manera totalmente segura que no permitirá descubrir la clave del usuario.

En otras versiones de esta misma compañía, se encuentran: Trezor One_y Trezor T. Estos dispositivos están fabricados en un diseño amigable y cuentan con una interfaz de usuario fácil y sencilla de usar, admitiendo el ingreso para una cantidad muy amplia de criptomonedas.

Las KEY de tus criptomonedas

Con todo este crecimiento acelerado y galopante de la tecnología actual, resulta muchas veces más difícil mantener intacta nuestra privacidad. Pensemos por un momento en las grandes empresas de renombre y el alto nivel de trabajo por mantener toda su data segura y protegida.

El mundo de las criptomonedas no se escapa de esta situación y está en la búsqueda de seguridad y privacidad garantizada, muchas veces los mismos usuarios se vuelven sus mismos guardianes y agentes para el resguardo de su identidad. Por fortuna, son muchas las empresas tecnológicas a nivel mundial que están dedicadas a investigar, desarrollar y activar hardware, softwares y sistemas operativos adaptados a cada necesidad con el único propósito de garantizar aquello que tanto desean las personas: Privacidad y seguridad criptográfica.

¿Por qué mantener las key?

Todas las personas activas en el ambiente online y en especial aquellas quienes manejan el dinero de forma digital, están definitivamente obligadas a conservar su identidad en total privacidad y seguridad, pues así; por ejemplo, solo el propietario de una cuenta en criptoactivos podrá ser el único en tener el control total sobre la misma.

No cabe duda que todos necesitamos contar con una identidad segura y privada, nuestros nombres, números, claves y demás datos no querrán ser compartidos con toda una comunidad externa abierta. Quien incursiona en el ecosistema digital está obligado a mantener sus key e información general de este ambiente recién creado en total reserva, solo así podrá realizar todas sus transacciones y ofrecer servicios, contando con seguridad y anonimato garantizado. Conviene entonces tener un almacenamiento privado de datos, así no habrá manera de que la información personal y financiera sea filtrada y exportada por y hacia terceros. Todo esto le permitirá al usuario participar en procesos fluidos, personalizados y seguros con plena tranquilidad.

Comprando y vendiendo Bitcoin

En la red criptográfica existe una fantástica condición y modalidad de servicio que mantiene activa la plataforma las 24 horas del día los 365 días del año, y esa posibilidad de comprar y vender Bitcoin al mejor postor en el lugar y momento indicado, desde cualquier lugar o punto geográfico del mundo, sin importar la hora y con solo un clic desde tu ordenador o dispositivo a través de una conexión a internet.

Este movimiento constante es el que ha mantenido y mantiene activo a Bitcoin desde su aparición y a partir de aquella famosa transacción para comprar y pagar dos pizzas, aquel día; en 10.000BTC. Pues bien, su actividad segura y confiable, su gran trayectoria e indiscutible aceptación, ha generado hasta hoy, un poco más de un centenar de usuarios; y sigue creciendo.

Disponer de dinero fiat para de inmediato ser canjeado por Bitcoins ha resultado en una negociación indiscutiblemente de lo más rentable. Un claro ejemplo de ello lo vemos en quien sí para el año 2010 convirtió 100$USD en Bitcoins al precio de 0,003 centavos, hoy día tendría en su wallet un equivalente a 73.000.000$USD ¡Sería millonario! Algo sorprendente y nada imaginado. Así ha venido funcionando y creciendo esta formidable criptomoneda.

Para entrar en negociaciones con dinero digital que permitan la compra y venta de criptoactivos, es necesario poseer una cuenta y su respectivo monedero digital, además de los fondos disponibles para ofertar ante la futura transacción. Existe un menú gigante de plataformas digitales, especialistas en la materia y con todos los recursos exigidos para tales fines, que proveen a los usuarios de orientación, formación y educación; antes de decidir procesar el envío de su dinero a un destinatario, bien sea para efectuar un pago o para realizar la compra de algo producto, bien o servicio.

Estas plataformas digitales dedicadas al trámite de transacciones y operaciones criptográficas diversas, deben contar y cumplir con todos una serie de protocolos necesarios que garanticen en seguridad, reserva y privacidad básicos y fundamentales que brindan además de ello, confianza y protección al usuario que hará circular sus fondos a través de la web por intermedio de sus servidores.

Como bien se ha dicho, son muchas opciones, muchas alternativas, muchas desde las cuales elegir la que consideremos sea la mejor conforme a nuestros criterios y subjetividad. Es todo un mundo online, globalizado en el cual el contacto personal directo y tradicional no es la principal herramienta. Se recomienda ser cuidadoso y precavido para tener el alma tranquila y saber que tus criptomonedas están muy bien resguardadas y allí, disponibles y utilizables para cuando sea el momento de realizar algún movimiento con ellas o la próxima transacción. Saber que todo es seguro y marcha bien cuando estamos, especialmente; comprando y vendiendo Bitcoins.

Ahora bien, ¿Existe alguna plataforma en especial para realizar estas operaciones?, ¿Cualquier plataforma es segura?, ¿Podemos tramitar fondos con más de una? Veamos a continuación un breve detalle de algunas alternativas que se han ganado el prestigio y confianza de un importante de Bitcoiners.

Comprando en Coinbase

Una de las plataformas más seguras, confiables y populares en el mundo, para la compra de Bitcoins, además de ser sencilla, práctica y de navegación amigable. Coinbase hasta ahora continúa siendo una de las fiables en la red.

Esta web es la más popular que se halla en el mercado. Es muy rápida y sencilla de utilizar. A través de Coinbase puedes hacer la compra de Bitcoins por medio de una tarjeta de crédito o de alguna transferencia bancaria. Los gastos administrativos por comisión varían según el servicio a utilizar y región geográfica, sin embargo, son costos realmente muy bajos y atractivos para el cliente.

Coinbase ofrece servicios totalmente gratuitos a sus clientes como lo son:

Resguardo de criptomonedas

Dado que Coinbase también ofrece el servicio de wallet, asociado a su lista de Exchange, el cliente no deberá pagar por adquirir el monedero ni por el mantenimiento del mismo.

Transferencias entre wallets internas en Coinbase

No existe ningún cobro de comisión por la realización de transferencias y operaciones desde una wallet de Coinbase a otra, es decir entre los mismos clientes; siendo este un trámite muy usual, está libre y exento de cualquier cargo operativo.

Servicio Coinbase Commerce

Diseñada especialmente para clientes que posean un negocio, Coinbase ha creado su producto Coinbase Commerce como una extensión de Exchange que le permite a sus clientes comerciantes la aceptación de pagos en sus negocios con criptomonedas, por lo cual no se efectúan cargos por comisión, es un servicio gratuito

Otros servicios de Coinbase con cargos o cobro de comisiones:

La plataforma asigna dos sistemas de comisiones. El primero es un *spread* (una diferencia que se adiciona al precio final del activo dentro del mercado) y el segundo es la comisión fija o porcentual hecha a la operación y que es variable según la cantidad.

Compra-venta de criptomonedas con dinero Fiat

La plataforma cobra una comisión o cargo *Spread* sobre el valor de cierre del activo en el mercado de 0,50% del precio. Se debe destacar que este importe porcentual no es fijo, ya que Coinbase hace saber a sus clientes advirtiendo que este Spread es variable según su movilidad diaria en el mercado.

En conjunción con el Spread, la plataforma efectúa el cobro de una comisión que pudiese variar porcentualmente fija o según el monto de la operación y sujeta a cambio conforme a la ubicación geográfica desde donde el cliente se encuentre realizando la operación. Coinbase en todas sus operaciones siempre realizará el cargo que resulte más alto entre la fija y la variable porcentual.

Conversión de criptomoneda por otra criptomoneda

Desde su plataforma, Coinbase cobra estos trámites por medio de Spreads sobre los precios de las criptomonedas a convertir. El Spread tiene la tasa del 1% sobre el precio de la criptomoneda a adquirir. Coinbase siempre hará saber a sus clientes que el porcentaje del Spread podría variar conforme a los movimientos y actividad del mercado.

Compra de Coinbase Bundle

La plataforma de Coinbase brinda el servicio de cesta para monedas y así poder comprar varias monedas digitales desde una misma transacción. La ventaja de esta oferta es que Coinbase no cobrará ninguna comisión por cada criptomoneda, sino que realizará un cargo general por la compra y monto global como si de una compra única se tratara. La comisión que es cobrada por Coinbase Bundle es igual a la cobrada por hacer la compra de un solo activo.

Comprando en Changelly

Disponible para todos los usuarios que buscan un medio efectivo para administrar sus monedas digitales, la web ofrece esta plataforma, considerada como una de las más rápidas en la red para intercambiar criptomonedas de forma segura, a través de tarjetas bancarias o transferencias de fondos. Por medio de Changelly se tiene la oportunidad de comprar Bitcoins entre las criptomonedas más conocidas y utilizadas.

Dentro de sus propósitos u objetivos básicos, Changelly tiene planteado romper con la gran cantidad esquemas y paradigmas en barreras técnicas y administrativas frente a la nueva tendencia del mercado digital, brindando la posibilidad de adquirir criptomonedas con la sola utilización de otras criptomonedas como recurso o elemento de pago, mediante costos mínimos de comisión por la prestación de sus servicios.

Esta plataforma ofrece en forma muy particular la oportunidad de comprar o vender monedas digitales de manera rápida y segura.

Significa esto que no existen ni se aplican herramientas de gráficos, libros de órdenes ni algo similar.

Changelly además de operar como casa de cambio, ofrece también productos y servicios online con atención y orientaciones a desde su página en internet, servicio de wallets y procesadores de pago para recibir criptomonedas a la mejor tarifa del mercado tanto a particulares como a compañías que reciban esta modalidad, un servicio de Widgets para que los clientes incorporen la plataforma en sus páginas web y comercien con un total de 52 monedas virtuales

Comisiones Changelly

Las compras hechas en la plataforma están sujetas a un precio ofrecido por Changelly, el cual está por encima al valor del mercado. Para el proceso inverso, la venta desde la plataforma reflejará un precio de oferta que estará por debajo del valor en el mercado. Los márgenes de beneficio o descuento suelen no ser reflejados ni publicados.

Un cálculo matemático realizado por la firma Cryptowisser, basado en una actividad el 9 de diciembre de 2020, se compararon los precios ofrecidos por Changelly ante Coinmarketcap.com. El cotejo reflejó que, en promedio porcentual, los precios de Changelly eran más altos/bajos en un 0,86% que los ofertados por Coinmarketcap. Se trata pues, y como muchos alegan; de una de las mejores plataformas y alternativas criptográficas con las más atractivas comisiones por operatividad.

Comprando con CEX.IO

CEX.IO es una destacada plataforma de servicios para manejo de criptoactivos conocida en la industria de las criptomonedas y es una de las bolsas de Bitcoin con más tiempo en actividad. CEX.IO cubre una extensa gama de servicios criptográficos ofrecidos desde su plataforma multifuncional para métodos de pago, seguridad y cuestiones legales.

Por medio de CEX.IO es posible comprar, vender y comercializar criptomonedas diversas entre las cuales destacan Bitcoin (BTC), Litecoin (LTC) y Ethereum (ETH) por dinero tradicional. Con una tecnología desarrollada para satisfacer los requerimientos de principiantes y expertos en trading; CEX.IO ofrece excelentes soluciones, entre las cuales resaltan; contar con una interfaz de compra simplificada y de negociaciones multiplataforma a través de su sitio en la web, disposición de una aplicación móvil y APIs. Con CEX.IO es garantizado y seguro resguardar los fondos de la cuenta, gracias a su servicio de almacenamiento.

Al igual que en otras plataformas digitales, todo comienza desde el momento en que procedes abrir una cuenta completamente gratuita desde su portal web, dando respuesta a todos y cada uno de los requisitos allí solicitados. Una vez creada tu nueva cuenta para manejo de criptoactivos, es aconsejable habilitar el proceso de autenticación a través del teléfono o mediante la aplicación Google Authenticator para mantener la seguridad de tu cuenta y de tus fondos que a partir de ahora manejarás con CEX.IO.

Ya como parte del sistema, el usuario dispondrá de recursos tecnológicos de punta para controlar la compra, intercambio y manejo de monedas virtuales por medio del monedero que provee la aplicación. Esta asignación de wallets es gratuita y no se paga por ella.

CEX.IO tiene una característica para sus servicios que resulta en algo muy particular, y es que a favor del cliente ofrece en su portal web la dirección física de sus oficinas en Londres (Reino Unido). Este detalle no quiere significar que sea más segura tan solo por una ubicación, pero seguros están los entendidos que es un aspecto que brinda mucha confianza entre su distinguida cartera de clientes.

A este punto agregamos otro por demás resaltante, y es que publican un número telefónico para atención personalizada desde Reino Unido y desde los Estados Unidos y para complemento, tres direcciones de correo electrónico para soporte, asistencia y apoyo técnico, sumadas a sus redes sociales en twitter, Telegram y Facebook. CEX.IO pensando en la mejor manera de llegar y captar a un público deseoso de formar parte del espectro criptográfico, abre todos los canales comunicacionales disponibles en la actualidad.

Uno de sus servicios bandera es el trading, un exchange que facilita la operación de forma spot (al contado) como al margen.

Cuando el servicio de trading es realizado al contado, se opera desde su plataforma estándar, y cuando es con margen se debe trabajar desde la página bróker.cex.io, donde el servicio de trading ofrecido es mucho más avanzado y desde el cual también es factible realizar operaciones spot.

CEX.IO ofrece otros servicios:

Brinda la posibilidad de comprar criptomonedas pagadas vía tarjetas de crédito VISA y Mastercard en cuatro divisas, a saber; dólares americanos, euros, libra esterlina, rublo.

Las compras pueden ser realizadas desde la plataforma web de CEX.IO o mediante la aplicación que descargable desde Google Play o App Store

El trading puede ser realizado también desde la aplicación móvil.

Staking, un servicio de financiamiento mediante el cual los usuarios activan un programa de trabajo criptográfico para generar gastos extras utilizando sus carteras

El servicio de préstamos con CEX.IO donde está dada la alternativa de solicitar prestadas divisas clásicas como Bitcoin o Ethereum

CEX.IO y sus comisiones

Toda operación comercial se realiza entre dos partes: el creador, cuya orden estará en el libro orden previo a la operación y el tomador, quien pone la orden en consonancia con la del creador. Los creadores generan liquidez a favor del mercado y los tomadores la quitan cuando coinciden ambas órdenes.

Las comisiones por concepto de operaciones CEX.io aplican en 0,25% para los tomadores. El porcentaje de esta comisión está a la par con la media del mercado. La industria de cambio brinda un descuento del 0,16% a los creadores, margen a través del cual operan sus transacciones. Su resultado es un beneficio para inversores sin interés en tomar órdenes existentes del libro.

A medida que el operador incrementa los niveles de sus operaciones, las comisiones se reducen, estas pueden llegar hasta a un 0,10% para tomadores y 0,00% para creadores.

Existe una gran cantidad de opciones, alternativas y ofertas de servicios de bolsas y criptográficos activos que se encuentran al alcance de un click, entregados a ofrecer lo mejor de manera integral. Estas plataformas seguirán floreciendo con el transcurrir del tiempo, y en proporción al crecimiento de la demanda y nacimiento de nuevas criptomonedas, como en sintonía con la obligación de satisfacer las necesidades de la sociedad que día a día se incorpora a esta tendencia de dinero digital.

Hemos mencionado solo tres: Coinbase, Changelly y CEX.io, con muy breves y puntuales reseñas. Estimado lector, te invitamos a indagar un poco más y conocerlas un poco más allá de esta lectura. Abrimos un portal web, exploramos y está en nosotros, registrarnos en la plataforma que consideremos que más se parezca a nosotros y nos ofrezca lo mejor del mercado. El propósito es estar tranquilo y hacer producir el dinero en una verdadera reserva de valor.

Los Exchanges (plataformas de intercambio y trading)

En proporción al crecimiento del mercado de criptomonedas que se expande cada día ganado más terreno como recurso financiero, igual continúan naciendo nuevas casas de cambio o Exchange, lugar en el cual podemos adquirir los fondos digitales deseados y dar inicio a operaciones propias de intercambio y negociación. Con una cantidad de opciones tan grande, puede resultar un tanto complicado y discernir cuál y qué es lo que más se adecúa a las necesidades de cada prospecto.

Centenares existen y se encuentran activas desde la web, incluso algunas ponen oficinas físicas y otros enlaces como líneas telefónicas y correos electrónicos a disposición de sus usuarios y posibles potenciales nuevos clientes. Un factor básico inspira la creación de estas Exchanges y es justamente el ambiente criptográfico propiamente dicho el que de manera indirecta impulsa su aparición, otro la cantidad de monedas digitales disponibles en el mercado y por último, entre quizás muchos más; la necesidad de consumirlas y poseerlas, pero ante todo manejarlas, administrarlas y tramitarlas de manera apropiada; allí entra en juego la Exchange de tu elección.

Coinbase

Es un portal web especializado en el área de *digital currency Exchange* que permite el acceso al mercado de criptomonedas, con una gran oferta disponible desde la cual poder elegir el criptoactivo que hemos estado buscando. También es considerado como uno de los servicios referenciales facilitadores para la compra y venta de monedas digitales a favor de usuarios experimentados como para quienes se inician en el mercado. Coinbase funciona perfectamente como monedero virtual donde se almacenan y administran fondos virtuales como un recurso viable para adquirir divisas nuevas.

Coinbase es una plataforma web, la puedes manejar desde internet cumpliendo dos funciones formidables. Utilizarla como monedero digital o wallet donde pueden ser almacenadas con privacidad y seguridad las criptomonedas adquiridas en un sitio único y como tu banca virtual, la cual puedes consultar para conocer el estatus de tus fondos, sus movimientos y comportamiento, así como su evolución en valor.

El portal financiero también funciona como un servicio para la compra y venta de criptomonedas, pudiendo conjugar tu tarjeta de crédito tradicional con la plataforma Coinbase y utilizar tu dinero fiat para comprar y pagar la moneda virtual de tu preferencia y que puedes comercializar en el momento que gustes o necesites.

La sede de Coinbase está ubicada en San Francisco, California (EE.UU.) fundada en 2012 por Brian Armstrong y Fred Ehrsam. Uno de sus inversores principales es BBVA a través de su programa BBVA Ventures. Para julio de 2019 la plataforma aseguró tener 30 millones de usuarios activos.

BINANCE

Una garantía de depósito es un fondo manejado para garantizar que la relación de las partes involucradas sea conforme. Una manera de asegurar la relación financiera. Binance es una Exchange P2P (Peer-To-Peer), en la cual las personas pueden efectuar una relación comercial segura y con privacidad. Aquí pueden ser vender y comprar tus criptomonedas con tu dinero de curso legal como fondo de garantía

En el proceso de negociación compra-venta de fondos, las

monedas digitales de quien vende, serán colocadas en un fondo de garantía temporal quedando retenidas como garantía de depósito, hasta el momento que la transacción sea culminada con éxito entre ambas partes.

Binance es sin la menor duda, una de los mejores exchanges y figura entre las más populares recientemente. En la actualidad ha ganado un gran reconocimiento dentro del mundo cripto debido a la amplia variedad de monedas que ofrece para sus negociaciones y a sus comisiones muy bajas por transacción.

Changpeng Zhao es el nombre de un personaje importante que figura detrás de Binance. Se trata de un empresario chino-cana-diense, fundador de la plataforma que hoy por hoy se impone como la exchange de intercambio de criptomonedas más grande del mundo por su sobresaliente número de transacciones que registra diariamente, gracias a sus ventajas, calidad de servicios y confianza a favor de sus muchos usuarios junto a los que se registran cada día.

3

PORQUE EL BLOCKCHAIN CAMBIO AL MUNDO Y COMO PUEDES APROVECHARLO

P or lo general se suele asociar a la criptomoneda Bitcoin y algunas otras, directamente con Blockchain. Sus orígenes se remontan al año 1991, gracias a sus creadores Stuart Haber y W. Scott Stornetta, quienes dieron a conocer el primer proyecto realizado sobre una cadena de bloques estrictamente asegurados criptográficamente.

El mismo no fue notorio más de una década después, exactamente en 2008, cuando gracias a la llegada del Bitcoin este poderoso proceso se popularizó. En la historia contemporánea de la criptografía, su utilización está manifestando una fuerte demanda por su uso en otras aplicaciones comerciales, dando a Blockchain la proyección hacia un crecimiento anual del 51% para el 2022 en mercados diversos en la web, básicamente el de las instituciones financieras y negocios en internet.

La cadena de bloques o mejor conocida como Blockchain por su término en inglés, es un registro único, distribuido y consensuado en varios nodos de una red. Para el tema de las criptomonedas, este proceso sería como el libro contable en el cual quedan registrados todos y cada una de los movimientos.

El sistema operativo y funcional de Blockchain pudiese resultar complejo y quizás difícil de comprender si se profundiza en los detalles internos que lo componen y su implementación estructural. A continuación, veamos la idea básica de su actividad y trabajo.

Cada bloque se encarga de almacenar:

- Registros o transacciones válidas.
- Información referente al bloque
- Vinculación con el bloque anterior y el bloque contiguo por medio del hash en cada bloque

Así pues, cada bloque tiene una ubicación precisa e inamovible dentro de la cadena de bloques, ya que cada uno de los bloques contiene información del hash del bloque que le precede. Una cadena completa de bloques se guarda en su nodo respectivo dentro de la red para así constituir la blockchain. Así, al finalizar, una copia exacta de la cadena se almacena para todos los participantes de la red.

En la medida que nuevos registros son creados, estos son inicialmente verificados y validados por los nodos de la red para luego ser añadidos a un bloque nuevo que se enlaza a la blockchain.

Almacenamiento de datos

Consiste en el resguardo y réplica de la información para generar datos históricos fiables.

Transmisión de datos

Establecimiento de conexiones mediante redes de pares.

Confirmación de datos

Proceso abierto al público que cuenta con su dispositivo adecuado para este caso. Es competitivo y transparente para de esta forma lograr validar las entradas conocidas como minería de datos.

La primera criptomoneda que utilizó Blockchain, fue Bitcoin, y se usó para realizar un descifrado asociado a la moneda, la cual por primera vez manejó el concepto de "cadena de bloque". De aquí la afirmación que Bitcoin es la primera criptodivisa usada en la Blockchain.

"La cadena de bloques resulta ser un proceso complejo, pero gracias a los avances tecnológicos esto es realizado por los ordenadores y dependiendo de su capacidad, la minería puede o no ser productiva y ágil para la integración en la cadena de bloques."

R. Espinosa / Autorizado Red

Beneficios Blockchain

Entre los principales beneficios que describen a Blockchain, conviene mencionar los siguientes:

- **Datos disponibles y confiables:** Gracias a ser sistema operativo descentralizado, es proceso independiente que no requiere de mediadores ni terceras personas, además de no depender de algún organismo, empresa o gobierno, que lo supervise los cual permite que toda su información y datos sean de fácil acceso y confiables.
- **Acceso a datos de alta calidad:** Los participantes en una operación tienen sus propios datos precisos, oportunos, confiables, completos y consistentes; que son imprescindibles para poder tomar una decisión acertada.
- **Transparencia y estabilidad:** Dado que blockchain es una base de datos compartida, estos estarán disponibles para todos los usuarios de la red en cualquier momento de una transacción, aportando la transparencia requerida. Una vez que estos datos son creados, no podrán ser eliminados ni alterados.
- **Integridad en el proceso:** Los usuarios participantes de

una transacción, conocen y aceptan que todo ha sido
concebido conforme lo exige el protocolo acordado.

- **Rapidez y bajos costos:** Las cadenas de bloques se
encargan de usar su propio potencial para generar una
disminución en los costos y tiempo invertido para cada
operación, esto se debe gracias a suprimir los costos
indirectos para intercambiar activos, y no operar ni
participar con intermediarios.

Utilidades de Blockchain

Blockchain es un mecanismo tecnológico que forma parte de un
plan estratégico que interpreta las necesidades del proyecto, identi-
fica el nivel de transparencia y descentralización, determina quiénes
son los miembros que actúan como nodos y establece la estructura
de Blockchain apropiada, definiendo de forma precisa cómo van a ser
las transacciones y operaciones.

El software de Blockchain accederá a crear proyectos distintos
entre sí, por lo que la instauración concreta que se lleve a cabo será
concluyente a la hora de decir si merece o no ser validado.

Es importante determinar cuidadosamente quién y cómo partici-
pará en la red. Si es una red privada o pública, según el tipo de red
habrá que proceder a diseñar detenidamente su propia estructura de
nodos y las transacciones que cada uno pueda efectuar y validar.
Sobre el acceso web para sus usuarios, en el caso de haberlo, será
prudente analizar qué se les va a mostrar y cómo se va a mostrar. No
es necesario que el usuario sepa que detrás de la interfaz web que
está utilizando hay una red Blockchain.

La magna utilidad de Blockchain es sin lugar a dudas intensa-
mente sorprendente, llegando a sectores y zonas productivas que
muchos nunca nos atrevimos a imaginar. Mencionaremos sólo
algunas de las áreas donde la utilidad de Blockchain, es una maravi-
llosa ventana al futuro.

Todo ello, gracias a los 3 principales beneficios que su tecnología
nos ofrece. Un nuevo grupo de eventos ocurren y se expande entre
nosotros de manera muy positiva y óptima. Desde la realización de

contratos inteligentes, hasta la creación de aplicaciones específicas por sectores productivos; pasando por la elemental identificación online. A continuación, algunas prácticas de Blockchain que impulsan la sostenibilidad de un probable mundo cada vez mejor.

Blockchain y la salud

Son múltiples las aplicaciones que Blockchain puede aportar al sector salud. La cadena de bloques tiene la facilidad de simplificar los problemas sanitarios y contribuir a la transformación que tanto necesita el sector de la salud a nivel mundial para brindar garantizar una vida más y con mayores expectativas.

Manejo de datos para investigaciones científicas: Al suministrar una orientación de registro absoluto, todos los datos compilados son información valiosa para el campo de las investigaciones, con los cuales es factible que beneficiar a la sociedad contribuyendo con el hallazgo de soluciones; incluso ante la presente pandemia.

Evitar propagación de enfermedades: La tecnología de Blockchain, está en capacidad de permitir la lucha contra la propagación de patologías. Imaginemos el caso de una enfermedad se haya generado y luego extendido a través de alimentos en mal estado, contaminados o manipulados incorrectamente; a través de Blockchain es posible realizar un rastreo pormenorizado del recorrido total que han realizado los productos para así poder determinar dónde se produjo el contagio, cómo y el origen de la bacteria causante.

De esta manera, se puede evitar la propagación de una enfermedad, retirando los alimentos de forma inmediata, inspeccionada y eficaz.

Blockchain y la producción de alimentos

Dentro de los usos más curiosos que puede aportar Blockchain es el de la industria de alimentos. Puntualmente en el sector agropecuario, igualmente aplicable a muchos otros. Esta tecnología de bloques puede ser implantada con gran efectividad. El seguimiento de los productos de consumo desde el momento de su nacimiento o cosecha, hasta su destino de distribución.

Además de posible, esta plataforma podría presumir de un cambio contundente y positivo para el consumo de alimentos producidos por el sector agropecuario, donde todos los participantes de la cadena de producción tendrían información precisa de la procedencia y condiciones de sus productos. De esta manera, optarán por tomar la forma de producción más sostenible.

Blockchain y el sector energético

Por años y aún sigue siendo vigente, es habitual que un proveedor centralizado de energía tenga en su haber la responsabilidad de abastecer a la sociedad de la energía eléctrica. Esta situación está y continúa produciendo cambios, hoy día son más los hogares y empresas que unen esfuerzos en hacer lo posible por generar su propia energía a través de sistema energéticos renovables.

La debilidad se centra en que a pesar de ser muchos los países que han incorporado un sistema de compensación para los déficits y excedentes de la electricidad que se genera, resulta complicado llevar un control puntual y preciso.

Es en esta encrucijada cuando aparece Blockchain, que ofreciendo su novedosa tecnología, podría crear una red de viviendas, empresas y/o comercios, consumidores en general; y así monitorear y supervisar la compra y venta de esta energía.

Un ejemplo interesante es el que ocurre en España, donde desde el año 2019, las empresas de Iberdrola, Gas Natural Fenosa y Endesa se unificaron en un mismo proyecto de nombre Enerchain, soportado por Blockchain, y que habilita en cualquier zona de Europa transacciones de electricidad y gas, indistintamente del día y la hora.

Blockchain y la música

En el mundo de la música existen incontables dificultades en lo referente a la comercialización y distribución de las producciones musicales. Desde los estrictos copyright, hasta el control excesivo de ganancias que perciben algunas productoras, perjudicando a los autores y compositores de la música.

Gracias a las características de Blockchain, estos conflictos pueden ser resueltos con gran facilidad. La tecnología de bloques, proporciona a los autores los derechos de su propiedad, además de un control para monitorear y seguir el recorrido de sus obras, evitando disfunciones fraudulentas y protegiéndose ante la piratería.

¿Y cómo Blockchain puede hacer esto? A través de los contratos inteligentes, la automatización de pagos y eliminando a los promotores ajenos. Todo ello crea un sistema impecable, basado en condiciones justas y garantizando la facilidad de los pagos regulares.

Otros sectores en los que ha incursionado Blockchain, garantizando su efectividad y generando satisfacción, son los de periodismo, comunicaciones, seguros, sector inmobiliario, comercio, logística, agricultura, viñedos, banca y finanzas; y ofertando la posibilidad de hacerse presente en áreas como telecomunicaciones, milicia, transporte, viajes y turismo, automotriz y manufactura. La experiencia de quienes ya lo han incorporado y los magníficos resultados que reciben, abrirán las puertas a un universo extenso y muy amplio por atender.

Utilidades bastante curiosas ¿Verdad? Y pensar que la gran mayoría de personas relaciona la plataforma de Blockchain solo Bitcoins y el sistema criptográfico. Otras cuantas aplicaciones, mucho más sorprendentes son utilizadas con esta tecnología, logrando reducir a cero los niveles de fraude en votaciones electorales, seguimiento de animales en el sector agrícola o en la identificación única de diamantes.

Ahora bien, si no conocías estas otras utilidades de Blockchain, ya tienes un conocimiento más completo de lo mucho que esta puede llegar a ofrecer a favor de la sociedad.

ICOs (Initial Coin Offerings)

Los ICOs, son una oferta inicial de moneda, y la financiación de un proyecto empresarial. ICOs busca en su concepción fundamental financiar el nacimiento de una criptomoneda nueva, al mejor estilo Bitcoin o Ethereum. Se trata de tokens virtuales en poca cantidad, con protección criptográfica, que gozan de un determinado valor debido a su escasez y a su demanda. Estas monedas digitales nacientes son muy útiles para hacer pagos de manera bastante económica y para almacenar valor, ya que algunos mercados los intercambian por dinero real.

Mediante el proceso de minado, las criptomonedas se van creando a lo largo del tiempo. Los mineros ponen a favor del proyecto toda su potencia computacional, lo que permite un funcionamiento eficaz del sistema y por ellos reciben por ello sus ganancias por las monedas minadas que figuran de forma espontánea y aleatoria como por las comisiones recibidas al verificar las transacciones comerciales que se producen entre los usuarios de la criptomoneda.

Cuando una persona decide dar vida a una nueva moneda digital, debe cumplir varios pasos básicos. El primero es diseñar la moneda, luego implementarla por medio de un software, para finalmente poner dicho software a disposición de la comunidad y así se manifiesten los mineros, quienes soportarán la actividad de esta moneda nueva.

Todo este proceso tiene sus costos y la forma específica de financiar el proyecto es por medio de una ICOs. Los desarrolladores realizan un minado previo en privado y a puerta cerrada para ofrecer la nueva criptomoneda a cambio de otras monedas ya circulantes, como por ejemplo Bitcoin, y que también sean intercambiables por dinero real de curso legal.

Una ICO consiste en ofrecer a un grupo de inversores iniciales, las nuevas monedas a cambio de dinero físico fiat. De allí parecido a un *crowdfunding*, por ser esta una comunidad libre de usuarios quienes se integran para financiar un proyecto por ellos mismos, sin que exista o haya la participación o intervención de organizaciones externas, centralizadas o algún tipo de intermediarios.

NFTs (Non Fungible Tokens)

Con solo 15 años de edad Mark Cuban incursionó en un mercado que le ayudó con sus estudios y también a obtener, con el paso de algunos años una gran fortuna; viendo en el mercado filatélico la oportunidad de comprar sellos en 15 centavos para venderlos unas cuadras más adelante en 25$ cada uno. Cuban es un inversor multimillonario, propietario de los Dallas Mavericks de la NBA.

Él pudo captar esa magia de cómo un simple gusto por el coleccionismo, le daba tanto valor a un bien físico. Ahora cree fielmente en el poder de los NFTs (Non Fungible Tokens), que son la versión digital de los sellos, las artes o cualquier otro elemento tangible o intangible al cual las personas le confieran determinado valor. Estos activos cada día ganan más terreno y viajan a la par de la cultura en la cual blockchain y las criptodivisas se encuentran absolutamente integradas.

Una tarjeta digital de Pokémon es un buen ejemplo para explicar de manera muy simple y sencilla la tendencia que tiene ese nuevo formato de sello coleccionable, donde el concepto continúa siendo el mismo al que se dio hace unos años con la famosa y sorprendente fiebre de los criptogatitos (Cryptokitties), que de hecho sigue activa y cotizándose a precios verdaderamente absurdos para muchos. ¿Por qué un avatar digital de un gato llegó a costar 115.000 dólares? Muy sencillo, un grupo suficiente de personas creyó y consideró que su precio era efectivamente ese. No hay otra respuesta.

Inversamente a lo que sucede con las criptodivisas, con los NFTs no es posible hacer intercambios entre ellos, tan sencillo porque no existen dos NFTs que sean exactamente idénticos y que ambos tengan incluso, el mismo valor: tu carta de un criptogatito es única, como también lo es una obra de arte virtual o cualquier otro bien intangible que conecte con este concepto.

Los NFTs son activos digitales en consonancia con la idea de que: "De lo que tocas y ves, a lo que no tocas, pero si puedes ver". Siempre le hemos dado valor a aquellos bienes tangibles que además de ver, hemos podido tocar, ahora lo hacemos más a aquellos bienes que vemos, pero que probablemente no podremos tocar. Las criptomonedas son una aproximación bastante clara a ese principio, pero los NFTs se encuentran en una bien marcada delantera, infiriendo reserva de valor a objetos más dirigidos al coleccionismo.

Tenemos una analogía muy explicativa entre un NFT y una entrada al teatro. En la entrada hay información detallada de la fecha, hora, lugar, valor, artistas, nombre de la obra, etc. La entrada como el NFT, son únicos y personales.

La gran mayoría de estos tokens, que pueden ser sellos, obras de arte o criptogatitos; están basados en los estándares de la red Ethereum y su cadena de bloques, lo cual permite una facilidad al momento de hacer transacciones de compra y venta con ellos.

Los NFTs reúnen ciertas características. Extrañamente únicos e irrepetibles, no son interoperables, indivisibles, indestructibles, propiedad absoluta y por último son verificables.

Regresamos con Mark Cuban, creyente absoluto de estos activos virtuales. Para Cuban, los NFTs son el futuro definitivo de los negocios, y lo citamos: *"Esta generación sabe que un contrato digital y el activo digital que representa a un criptoactivo son una mejor inversión que el tradicional activo que puedes ver, tocar o sentir".*

4

EL MÉTODO DE INVERSION MAS USADO EN EL MUNDO DEL BITCOIN

E l Precio del Bitcoin y la especulación. ¿Quién controla los precios de los tokens?

Uno de los riesgos más grandes que puede sufrir la salud del mercado para Bitcoin, es el efecto que sobre él mismo tiene la especulación por parte de un pequeño grupo de inmensos capitales.

La especulación es una parte fundamental que afectó con gran impacto a todos los mercados. En realidad, si no hubiese especulación acerca del precio futuro de los activos que poseemos y adquirimos. No podríamos estar seguros de invertir en absolutamente nada.

Los movimientos diarios del mercado para todos los activos y fondos financieros, dependen en su mayoría de la especulación. No solo de la especulación por parte de los inversionistas en consideración a los futuros retornos de su inversión, sino; la especulación de capitales que ingresan en el mercado únicamente para comprar o vender, aspirando obtener de ellos, más ganancias en el menor lapso de tiempo posible.

Estos son los tipos de capitales que vende Bitcoin, cuando por ejemplo los contratos futuros de la Chicago Mercantil Exchange (CME) están próximos a vencer, todo ello con el propósito de tirar el precio spot del Bitcoin, y de esta forma obtener una ganancia a partir de la pérdida del mercado; o por el contrario son los capitales que, en medio de la carrera alcista de una moneda digital, comienzan a comprarla con desespero esperando venderla en muy poco tiempo a un mayor precio. Lo que genera un enorme incremento de la demanda, que lleva a los precios mucho más allá de su crecimiento natural. Y por ende un incremento posterior en la oferta para cuando estos capitales se retiren.

Tristemente, este es el tipo de inversión elemental en el mercado de monedas virtuales, y especialmente; el tipo de inversión básica inmerso en el mercado de Bitcoin. El cual se ve afectado frecuentemente por vaivenes especulativos, que impulsan o desploman el precio del Bitcoin según les convenga.

¿Cuál es la razón detrás de este control de la especulación? Substancialmente la falta de discernimiento que aún existe en el mercado de Bitcoin. Figuran tan relativamente pocos inversionistas en el mercado, que apuntan hacia el Bitcoin como un activo rentable por su valor en sí mismo. Que unos escasos grandes capitales, son atrevidos en agitar todo el mercado, por su peso relativo de cara al resto de la comunidad.

Se espera un aumento del Bitcoin: Y es esta la predisposición especulativa que al parecer no tiene última etapa a la vista. Por el contrario, y mientras no sea posible lograr una masificación total del Bitcoin, esta criptomoneda será manejada por las fuerzas del mercado especulativo que no controla.

Precisamente por este motivo, son tan importantes los informes como los publicados por Skew Market, en los cuales, se hace una lectura referente al precio que esperan los inversionistas para el Bitcoin en el año 2022. Resultando que un poco más del 10% representativo de agentes activos en el mercado bursátil, financiero y criptográfico comienzan a estimar, divulgar y esperar un incremento de altísimo nivel para la moneda sobre la cotización representada en la actualidad.

El valor de un bien, activo etc. se ve afectado por la especulación no solo de posibles proyecciones estadísticas, sino también por acciones sociales-culturales divulgadas o no en la red y concebidas fuera de ella, por situaciones gubernamentales y políticas; a pesar de que las criptomonedas y el mercado digital, son un recurso libre y distante de estos escenarios.

Estas estimaciones representan una importante consideración hacia la cotización del Bitcoin y lo que sería su futuro valor. Y resulta muy interesante que sea con base en la apreciación de un grupo representativo importante del mercado, en especial cuando en estos momentos tan importantes para el precio del Bitcoin y su comunidad. La moneda ha venido tomando fuerza, ubicándose actualmente en torno a los 50.000.00 dólares por unidad.

Y, aunque no cabe ninguna duda que en efecto el Bitcoin podría llegar a alcanzar valores importantes progresivamente. El hecho de que para el momento, pareciera no haber eventos puntuales que impulsen a la moneda, no es motivo para que la misma mantenga su carácter alcista. Más allá de la emoción generada por sus recientes crecimientos logrados. Nos podría hacer creer y llevar a pensar que este es un sentimiento meramente especulativo, y por tanto representando cierto nivel de riesgoso para la propia salud del mercado de Bitcoin.

¿Quién controla los precios de los tokens?

Según William Mougavar, autor del libro "The Business Blockchain", un token se define como "una unidad de valor que una organización crea para gobernar su modelo de negocio y dar más poder a sus usuarios para interactuar con sus productos, al tiempo que facilita la distribución y reparto de beneficios entre todos sus accionistas".

En el entorno criptográfico actual, pareciera que emitir una nueva moneda es una capacidad que aparenta estar más allá de los bancos centrales. El caso más que mas lo ejemplifica, lo encontramos y tenemos con Bitcoin, y cómo desde un entorno privado se puede colocar en el mercado, con todo el apoyo tecnológico que ofrece Blockchain, una moneda virtual, claro está; con muchas restricciones por la falta de un marco jurídico que la regule. Bitcoin es solo la génesis de toda una revuelta cuyo segundo paso bien podría estar en los tokens.

Un token o ficha, traducido al español; en realidad no es algo más que un calificativo reciente para una unidad de valor emitida por una entidad privada. Un token guarda importante parecido con Bitcoin, ya que tiene un valor que es aceptado por toda una comunidad y se establece en la Blockchain, y es también a la vez un concepto más amplio. Un token es más que una moneda, ya que tiene más usos. Igualmente, la gran mayoría de los tokens se asientan sobre el protocolo de Blockchain Ethereum, más completo, según los expertos, que la *Blockchain* de *Bitcoin*.

Los cambios principales para conocer el valor y luego comercializar en token, son generados en la actualidad por exchanges, dentro de los cuales cabe mencionar a los más importantes. Bithumb, AscendEX (Bitmax), Bithumb Global, y Kyber Network. Sin embargo, y como hemos visto en otras líneas; el valor de las criptomonedas incluso de los tokens, se basa fundamentalmente en la confianza, en la oferta y la demanda de los mismos. Ya que, al igual que las demás monedas digitales, son descentralizadas y emitidas por un ente privado y sin mediadores.

Riesgos y mitigaciones a tener en cuenta. Riesgos de mercado

Los riesgos de realizar operaciones y negociar por medio de criptomonedas están relacionados básicamente por su volatilidad dentro del propio mercado. Ya que representan en todo momento un riesgo muy elevado. Es muy importante comprender y estar al tanto de los riesgos a los que se está sujeto, antes de emprender o iniciar una inversión en criptomonedas. Todos los activos económicos y financieros conllevan a un alto nivel de riesgo, ya sea a través del uso del apalancamiento, por técnicos poco éticos dentro del trading o la volatilidad misma del mercado objetivo.

VEAMOS cuáles son los riesgos más comunes a los que nos podemos enfrentar y los cuales que hacen a las criptomonedas representen un posible riesgo de inversión:

- **Volatilidad:** Los cambios intempestivos en la susceptibilidad del mercado pueden provocar fluctuaciones imprevistas y contundentes en su precio. No es extraño que el valor de las criptomonedas sufra caídas potentes y repentinas por cientos e incluso miles de dólares.
- **Sin regulación:** Las criptomonedas no se deben a gobiernos ni a bancos centrales, ellas no están reguladas ni supervisadas por ente alguno. Sin embargo, cada día y conforme a la dinámica que vemos frecuentemente, están llamando poderosamente la atención. De hecho, hay inquietudes sobre si se les debe clasificar y considerar como materias primas o como monedas virtuales propiamente dichas.
- **Susceptibles a errores y ataques informáticos:** No existe la fórmula perfecta o la forma más idónea de evitar fallas técnicas, errores humanos o ataques informáticos a la red.
- **Sujetas a bifurcaciones o interrupciones:** La actividad financiera y comercial con operaciones por medio de criptomonedas como recurso de pago, entraña muchos riesgos adicionales, como las bifurcaciones duras y las interrupciones. Quien se encuentre inmerso en el mundo de los criptoactivos, precisa tener en cuenta qué riesgos pudiese enfrentar antes de operar con estos productos. En el caso de bifurcaciones duras, es probable que haya

mucha volatilidad en los precios y es posible que sean suspendidas las operaciones si no se dispone de precios fiables del mercado subyacente.

La moneda tiene dos caras y esta que acabamos de ver quizás nos produzca un efecto o sensación de alarma. Demos vuelta y veamos qué hay del otro lado; y de esta manera buscar los medios o recursos que nos permitan mitigar estos riesgos. Cuatro aspectos puntuales y que a nivel financiero han sido importantes son los siguientes:

- **Aceptar el riesgo como una posibilidad inherente a las actividades de la red.**

Entender que se forma parte de una comunidad globalizada universal, en la cual y por lo general no se conoce a sus creadores y participantes.

- **Reducir el riesgo mediante estrategias de control.**

Monitorear, supervisar y chequear cada actividad, movimiento y transacción realizada en las plataformas de las cuales se es usuario, resguardo accesos, claves y demás opciones de ingreso.

- **Transferirlo a un tercero que pueda manejarlo.**

No significa que el riesgo lo asuma otra persona, se trata de buscar las orientaciones y ayudas necesarias que permitan aportar las soluciones requeridas más expeditas por parte de conocedores en la materia y especialistas en riesgos informáticos.

- **Evitar actividades que generen inseguridad.**

Buscar toda la orientación que sea necesaria con los demás miembros y usuarios de la red más experimentados y que conozcan detalles claves operativos de los servicios, operaciones y transacciones; junto a las herramientas complementarias mejor adaptadas a las características de la cuenta. Se trata de movilizar fondos e invertir con seguridad y confianza

- **Educación y formación.**

Mantenerse al día, actualizado y debidamente informado con respecto a las novedades, cambios, ofertas, servicios y demás dinámicas que genere la plataforma de la cual formamos parte; participando de sus publicaciones, redes sociales y foros para así estar lo más actualizado sobre sus actividades.

- **Exchanges**

No todos los exchanges descentralizados o non custodial son fieles al concepto de seguridad, pero están siempre dispuestas a seguir ofreciendo un servicio más seguro que los exchanges centralizados.

A pesar de que una gran cantidad de los exchanges centralizados, todos especialistas en el manejo de criptomonedas fueron víctimas de múltiples ataques tecnológicos y hackeos, que juntos llegaron a sumar un monto estimado en casi 300 millones de dólares durante el año 2019, muchos traders en criptomonedas aún se mantienen firmes aportando sumas importantes de capital en sus exchanges centralizados.

Aunque en los últimos años y al presente se han puesto y se ponen en marcha cantidades de servicios desarrolladores especialistas en criptomonedas que operan de forma descentralizada, pocas son las plataformas que han logrado percibir una liquidez significativa.

¿Son más seguras las plataformas no custodiadas?

Erik Voorhees, director general para el exchange en criptomonedas "Noncustodial" ShapeShift, aseguró en una ocasión que los intercambios no custodiados están en la capacidad de proporcionar al mercado y a sus usuarios una forma de estructura y fundamento más segura para que las personas puedan comerciar con activos digitales confiables.

- **Liquidez**

El riesgo de liquidez es la pérdida potencial y la imposibilidad de renovar o contratar pasivos en condiciones normales para una entidad financiera centralizada, por la venta previa o forzosa de activos a descuentos fuera de lo común para hacer frente a ciertas obligaciones o bien por el hecho de que algo no pueda ser vendido o adquirido.

El riesgo de liquidez se genera cuando una de las partes participantes posee activos de interés, pero no dispone de la liquidez necesaria para asumir sus compromisos. En el supuesto que la persona no pueda hacer frente a sus deudas a corto plazo ni aun colocando en venta su activo corriente, esta sociedad se encontrará ante una situación de iliquidez. Otra situación que se puede presentar, es que el usuario de una red criptográfica se encuentre en una etapa de pérdidas en sus negocios, hasta que llega a un punto en el que no se le hace sostenible el manejo y sustento de sus valores digitales.

- **Wallets**

En el mundo digital, dada su facultad de permitir al cibernauta la posibilidad de crear e innovar desde lo más elemental, se hace evidentes una serie de amenazas que ponen en riesgo y afectan, entre muchos; el sector financiero, donde las criptomonedas suelen ser muy apetecibles, generando ataques e invasión a datos en almacenes y transacciones virtuales.

Los riesgos y amenazas más comunes que incluso pueden llegar a afectar tu secreto monedero digital, serían:

- **Utilizar proveedores digitales sin prestigio y garantía comprobada en la red.**

La bifurcación de plataformas digitales se ha convertido en una ocupación predilecta por los atacantes informáticos. Al buscar un proveedor de servicios criptográficos, se debe procurar verificar que su dominio corresponda a una web segura y genuina.

- **Protección simple a tu identidad**

Se aconseja utilizar claves de que realmente garanticen el resguardo de tu identidad, evitando el uso de seudónimos y códigos de fácil predicción: PEDRO1234

- **No respaldar las wallets**

Es recomendable efectuar actualizaciones frecuentes a tu cartera digital, utilizando diferentes medios, recursos y locaciones para mantenerlos **cifrados** y así conservar un producto tan importante como una wallet, segura y bien protegida

- **No cifrar la billetera**

El cifrado de la billetera es determinante, primordialmente cuando esta se encuentra almacenada en una red online. Como es de suponerse y por más atención que pongamos en establecer claves de acceso y contraseñas robustas, siempre serán sensibles a violación. Por tal motivo es recomendable utilizar la herramienta DESlock+ para cifrar los archivos que contengan cualquier información sensible.

- **Usar wallet solo en dispositivos móviles**

¡Cuidado! En particular si de movimientos por altas sumas de dinero se trata. Un teléfono móvil celular se puede extraviar y con él se iría información crucial además de datos importantes que pueden ser muy vulnerables.

5

LA MANERA MAS EFICAZ DE HACER TRADING CON BITCOIN

Principios básicos del trading de criptomonedas

Primero definamos el trading como la actividad que consiste en la compra y venta de activos cotizados en la red con mucha liquidez de mercado representada en acciones y divisas. Ese mercado financiero es electrónico y está regulado. Su objetivo principal es obtener una utilidad y un beneficio económico cuando la operación genera una plusvalía.

El trading es un tipo de operación y actividad bursátil de carácter especulativo, por lo que está radicalmente sometido a los vaivenes del mercado. Sus operaciones se basan en comprar un activo a la mejor tarifa para luego venderlo a un precio mayor y superior o para comprarlo de nuevo por un costo más bajo.

A continuación, una breve y básica descripción de ideas que los traders deberían considerar para obtener mejores resultados. Las afirmaciones se aplican en esencia para el mercado de divisas e igual aplican como orientaciones generales para los traders.

Disponer de tiempo

Evitar caer en el error más común cometido por los traders producto de la impaciencia. Activar una posición demasiado rápido y a su vez elegir un tamaño de posición demasiado grande. No ir rápido

Pequeñas operaciones

Mantener posiciones relativamente pequeñas. Lo cual dará excelentes resultados ante ofertas o demandas de alto valor y que en la red no pueden ser predecibles.

Comportamiento de rebaño pasivo

Cuando una fase de mercado se mantiene lo suficiente, la relación entre los traders de seguimiento tendencial y la reversión media es cada vez más unilateral. Se genera un movimiento atractivo e interesante de gran interacción, aumenta la demanda, suben los valores y todos quieren comprar. Se pueden dar ganancias o pérdidas. Sin embargo, muchos traders seguirán esperando y se mantendrán pacientes hasta el último momento, de modo que los movimientos se intensificarán hacia el final del día, en el que se consideran más los indicadores de continuación tendencial, en especial los días viernes.

Mantener una reserva

Debido a la gran capacidad del mercado para maximizar el espectro, es importante mantener una reserva de capital. La cantidad óptima y recomendada es el 50% del capital de trading.

Tomar beneficios

Para ganar más dinero, es igual de importante generar ganancias como limitar las pérdidas. No nos debemos dejar engañar por el aparente éxito y logro de algunas posiciones individuales. Se debe obtener ganancias. Es necesario establecer un objetivo firme y factible desde el principio y fijarse o anclarse él para lograrlo.

Riesgos del trading y beneficios (Trading a largo y corto plazo)

En la relación de Riesgo-Beneficio para el trading, los analistas convergen en un tema muy discutido y controversial, ya que mientras algunos operadores afirman que es totalmente improductivo, otros lo valoran como el Santo Grial del e-commerce el cual debería ser parte de toda estrategia para la negociación.

En esencia, la relación de riesgo-beneficio ayuda a cuantificar la distancia desde la entrada hasta el stop de pérdidas y desde la entrada hasta la orden de toma de beneficios y luego hace una comparación entre las dos distancias. Cuando el operador conoce bien la relación de riesgo-beneficio de sus operaciones, tiene la facultad de calcular fácilmente la tasa de ganancia demandada. El operador puede comprobar cómodamente si la relación de riesgo-beneficio es lo suficientemente grande para su tasa de ganancias promedio o si debe evadir una operación cuando la relación de riesgo-beneficio es demasiado pequeña.

A menudo nos encontraremos con comentarios de operadores que dan por garantizado que la relación riesgo-beneficio es inútil, lo que no podría estar más lejos de la verdad. A pesar de que la relación de riesgo-beneficio por sí sola no tiene valor, cuando se utiliza en combinación con otras métricas del trading, de manera inmediata se convierte en una de las herramientas de negociación más poderosas.

Las estrategias de trading a largo plazo son aquellas que se tienden a prolongar a lo largo de todo el día o incluso varios. Existen de igual manera estrategias a plazos mayores, estos son mucho menos habituales en un mercado como el de Forex, que se determina por su gran laboriosidad a la hora de invertir. Una táctica que se mantiene abierta de un día para otro se considera ya a largo plazo en el mercado de las divisas.

Para nada estas estrategias son recomendables para quien recién llega a la plataforma, debido a que realizar predicciones a largo plazo requiere de un análisis preciso y fundamental más profundo y un estudio técnico que tenga muy presente mayores variables. Es por ende una estrategia considerada más bien para personas con unos grandes conocimientos del mercado y una cierta trayectoria en el campo de los inversores.

Las estrategias a largo plazo no necesitan la atención constante del inversor y gracias a las órdenes Forex es posible establecer un stop loss, limitando las pérdidas que la operación pudiese producir. Mientras que, como contras, nos encontramos con la existencia de una gran "sangre fría". Hay operaciones tan atrayentes y codiciadas, que el inversor se resiste a abandonarlas, más si una caída en la cotización genera pérdidas de dinero, ante de brindar beneficios.

Hablar de trading a corto plazo significa, como la propia frase lo indica, adquirir y comercializar valores en un espacio de tiempo breve, incluso, en un mismo día, en horas y hasta en minutos. Si un usuario no está con este sistema, podría perder dinero suficiente. Por ello, es recomendable conocer algunas estrategias para hacer trading a corto plazo.

Existen pautas diferentes que funcionan muy bien para operar con valores en un corto espacio de tiempo. A continuación, compartiremos las más sencillas, en modo principiante. En tal sentido, es importante manejar un poco de terminología bursátil. Así, hablamos de entrar "largos" en una transacción cuando compramos para después vender.

Por otro lado, entramos "cortos" cuando vendemos para luego comprar, la plataforma ofrece brókeres que te permiten esto. Igualmente, es preciso conocer que, para operar a corto plazo, el momento ideal para entrar en un valor es cuando su precio rebota. A partir de entonces, se pueden aplicar ciertas estrategias.

- Comprar activos en el momento que se encuentren en su punto más bajo, luego comenzarán a subir.
- Abrir corto, es decir; vender cuando se está produciendo una tendencia a la baja de un valor y se produce una resistencia.
- Largos en contracorriente cuando haya tendencia a la

baja, para comprar un valor cuando su precio se haya
excedido en la caída.

- Cortos en contracorriente para un valor que
  potencialmente su valor.
- Técnica de la plancha, la cual consiste en entrar a un valor
  con mucho cuidado.

Es COMO cuando no sabemos si la temperatura de la plancha está
muy alta, siempre la tomamos con cuidado. Igual ocurre con un valor,
el cual creemos está en tendencia a subir. Vamos invirtiendo en él
desde pequeñas cantidades esperando se cumpla la percepción de su
subida.

**Dónde hacer trading. Los más seguros: Coinbase Pro, Binance,
eToro**

Por ser una actividad de compra y venta por excelencia, con interesante proceso pormenorizado de seguimiento de valores desde la
web, y dado su crecimiento global el cual se estima en más de ocho
millones traders aproximadamente, surgen plataformas estrictamente diseñadas para satisfacer las necesidades operativas de tan
interesante y lucrativo mercado, en el cual mucho pierden, otros
pocos ganan.

Las plataformas dispuestas para el trading son el mejor recurso y
apoyo indispensable para quienes incursionan y operan en el mundo
del mercado digital. Estas herramientas constituyen un soporte
magno de trabajo fundamental para cualquier inversor que se dedica
a los mercados financieros a través de internet.

Se trata pues, de un software especial y diseñado para dar soporte
a los análisis del mercado, recibir en vivo los precios de los instrumentos financieros necesarios disponibles para así invertir y abrir,
controlar y cerrar posiciones según las decisiones que el trader vaya
determinando, y según sus fondos de valores crea oportunas.

Elegir la plataforma más conveniente, al que mejor se adapte a tu
perfil es básico para tener éxito y excelentes resultados en la gestión
operativa.

Hacer trading online o lo que algunos definen como especular sobre los mercados financieros en la web, se traduce en aprovechar los cambios y fluctuaciones en los precios de los activos para así ganar dinero un punto crucial; entre la compra y la venta, ya es posible vender un producto que no te pertenece.

El trading online, además, se caracteriza por ser un software accesible para cualquier persona que con un ordenador y acceso a internet tiene oportunidad de ingresar a la web. Para quien busca iniciarse como trader y comenzar a navegar este mar posibilidades criptográficas, la recomendación es dar sus primeros pasos guiados de la mano apoyados por los conocimientos y habilidades de un broker.

Un broker es una entidad o empresa financiera encargada de ejecutar órdenes de compra y venta; por lo cual recibe honorarios por sus respectivos servicios profesionales. Un broker o corredor de bolsa, como también se les conoce, cuenta con licencia para la compra y venta de acciones en los mercados bursátiles. Los traders necesitan de un bróker para operar en estos mercados propiamente dichos.

La principal función que debe cumplir un broker financiero es la de garantizar el funcionamiento correcto del mercado, además de brindar una plataforma integral a favor de lo traders, para así puedan operar y con los lineamientos adecuados y seguros a través de ella.

Aprendiendo a hacer trading en tres sencillos pasos:

- Se debe seguir sin dudas, las estrategias de quienes obtienen buenos resultados: Significa esto que dentro de cualquier campo en el que nos encontremos, debemos tener nuestras reservas de aquellos que no obtienen resultados. Por tal motivo, debemos aceptar el asesoramiento de los expertos y más conocedores en la materia.
- Tal como cuando una persona se dirige al gimnasio para cumplir con su entrenamiento de rutina o se acondiciona para escalar una montaña, igual un futuro trader o quien ya tiene experiencia, debe instruir y aplicar lo aprendido

en este camino, así poder valorar los resultados desde una perspectiva en primera persona.

- Comenzar con la utilización de perfiles bajo riesgo y de capital limitado para que de esta manera se adquiera seguridad, dando así el primer paso sin temores ni miedo, con la convicción de que, en cada transacción, se aprenderá algo nuevo.

Algunas plataformas de trading más recomendadas:

- **NAGA:** Considerada la aplicación de trading más completa.
- **ProRealTime:** Característica por ser una plataforma *multibroker*.
- **MetaTrader:** Especializada para las inversiones en Forex.
- **NinjaTrader:** Plataforma que brinda acceso a los mercados de futuros y de divisas

Haciendo Trading con Coinbase Pro

En este contexto el trading a través de la plataforma Coinbase Proes resulta suficientemente sencillo, y se traduce en la compra y venta de criptomonedas con el propósito de obtener ganancias. Esto significa que en Coinbase Pro podremos hacer intercambios de nuestra moneda fiat por criptomonedas o estas por otros pares, tales como Bitcoin por Ethereum o Litecoin por Bitcoin Cash, entre muchas otras opciones.

Coinbase Pro goza de gran prestigio tras disponer de dos tipos propios de operaciones que le hacen diferente a otras plataformas. Si el sistema operativo dispone de las órdenes *limit* y *stop,* así como el sistema de gráficos e indicadores disponible.

Orden Limit

Veamos un ejemplo muy práctico para entender la orden Limit de Coinbase Pro.

Supongamos que el precio de una criptomoneda al día de hoy es de 200$, sin embargo no estamos dispuestos a pagar tal cantidad de dinero y creemos que una buena oferta podría ser 180$. Por tal motivo publicamos una orden límite por 180$ y, en el caso de que el precio caiga a esa cifra, la compra se realiza de forma automática e inmediata.

De esta manera hemos creado una oferta y a su vez atentos a la posibilidad de hallar algún comprador. No hemos simplemente comprado al precio del mercado como en una orden market, fuimos creadores de una oferta.

La más relevante y mayor ventaja que tiene una orden *limit* en Coinbase Pro, como hemos mencionado anteriormente, es que no aplica comisiones ni cargos extras.

Orden Stop

Este es un tipo de orden ideal para darnos protección frente a movimientos imprevistos del mercado. Gracias a esta herramienta de Coinbase Pro podremos añadir un *stop-loss* por medio del cual nuestra orden se cancela una vez llegado el valor a ese precio en concreto.

Haciendo Trading con Binance

En Binance Exchange tenemos a la mano una plataforma tecnológica para *trading* en la cual es posible operar con Bitcoin, demás criptomonedas y sus derivados, con interfaces perfectamente adaptables a cada nivel de experiencia y exigencia como *trader*. Este portal brinda además la alternativa de realizar transacciones y operaciones con apalancamientos que alcanzan hasta los 10x.

Con solo realizar el registro básico de una dirección de correo electrónico y sin pasar por ningún proceso de verificación de identidad, ya se es parte de la plataforma Binance, que te permite dar inicio al proceso de hacer trading tras un límite de retiro máximo diario de 2BTC.

El trading fácil desde la plataforma Binance es el conocido intercambio entre criptomonedas. En él, solo debes buscar y seleccionar las criptomonedas que desees intercambiar y ejecutas la transacción. Su funcionamiento es muy similar al de los servicios de intercambio que se encuentran en ShapeShift o Changelly, con la salvedad de que los intercambios sean realizados de manera interna, dentro de tu wallet de Binance.

Para realizar esta modalidad de trading, primero es necesario disponer de saldo en tu cartera Spot de Binance. Luego deberá ser seleccionado el botón trade en el menú superior, y dese de la lista desplegable seleccionar la opción fácil.

Cada criptomoneda tiene un tope mínimo y un máximo para realizar intercambio fácil. Para Bitcoin son 0,002BTC como monto mínimo de operación.

En el recuadro de trading fácil deberás elegir criptomoneda a tramitar y enviar junto con el monto de la operación. Por otro lado, deberás colocar en el recuadro que te aparecerá en el inferior, la criptomoneda que querrás recibir. Una vez hecho todo lo indicado, presionas Pre visualizar conversión.

Antes de cerrar la operación trade fácil, un cuadro de confirmación aparecerá en pantalla con los detalles del trámite.

Desde este pequeño recuadro, donde debe confirmada la transacción, se aprecia el monto total que será recibido en la criptomoneda seleccionada, junto a la tasa de cambio. Dentro del botón confirmar se encontrará un contador de 30 segundos indicando que el precio de intercambio estará congelado por ese periodo de tiempo. En caso de no aceptar, el proceso debe ser reiniciado. Así mismo, al confirmar, el intercambio se realiza de forma inmediata y el saldo disponible en tu wallet puede ser verificado.

Haciendo Trading con eToro

eToro está considerada por la comunidad como la plataforma para el trading social líder en la red, por ofrecer una destacada variedad de servicios a todos sus usuarios y una amplia gama de instrumentos financieros de punta. Entre sus funciones más destacadas se encuentra el "copy trading", el cual permite emular las operaciones de otros inversores en la misma plataforma. Destaquemos esta herramienta, que conviene dar a conocer.

El Copy Trader de eToro o copia de operaciones, resulta ser la función más destacada y popular de eToro, la cual permite visualizar lo que otros inversores están haciendo en tiempo real y tener la posibilidad de copiar sus operaciones automáticamente. Además, Copy Trader, permite dar seguimiento, compartir y entrar en contacto con cualquier usuario o inversor en cualquier lugar del mundo, directo desde la plataforma.

Adicional a lo anterior, el Copy Trader permite a quienes se están iniciando y a su vez están aprendiendo los fundamentos primordiales de los mercados, beneficiarse de la experiencia por parte de los mejores inversores, copiándolos y replicando al instante sus inversiones en su propio portafolio.

Hacer un Copy Trader de los demás inversores no genera al usuario cargos extras o comisiones por gastos de gestión ni ningún otro cargo adicional. Dado que, por sólo pertenecer al programa y ser copiados, estos inversores obtienen sus ganancias como Popular Investor. El importe mínimo por hacer un Copy Trader a otro inversor es de $200-

El Copy Trading de eToro no es solo copiar operaciones que han realizado otros inversores, sino que es todo un entorno en una comunidad colaborativa de inversores a corto y largo plazo, en donde es posible relacionarse, compartir y aprender. Con el uso óptimo de esta herramienta y un manejo apropiado, se pueden visualizar millones de portafolios, estadísticas, clasificaciones de riesgo, y aún más de otros inversores dentro de eToro.

6

BITCOIN MAXIMALISTS Y PORQUE DEBES ESCUCHARLOS

U n influencer es una personalidad que goza de cierto nivel de popularidad, credibilidad y simpatía a través de las redes sociales, convirtiéndose en su propio producto, tema o destacando otro en concreto, bien sea marca o servicio; entre otras cualidades referencias más.

Hoy por hoy, las redes sociales han disparado un sin número de talentos, sucesos, hechos, personalidades, etc. mostrándonos y dándonos a conocer el mundo como nunca, tal cual es, en directo y tiempo real sin importar hora y distancia. Las redes son un boom de información, recreación y educación indetenibles que están dispuestas y disponibles a cada segundo.

Y tratándose de talentos, personas conocidas y productos, hay un sector que tiene un menú gigante de alternativas en la red, se trata nada más y nada menos que del financiero. Dedicaremos este capítulo para dar a conocer o recordar, según sea el caso; a dos figuras que gozan de la admiración en la comunidad que los sigue y quienes han compartido sus charlas y presentaciones online o presenciales. Nos referimos a Sunny Decree (Suiza) y Davinciji15 (Chile).

Davinciji15
Vloguero con sede de su canal YT en Chile
Dedicado al análisis técnico sobre Bitcoin, Ethereum y criptos.

En su canal de YouTube, habla sobre cómo ganar a través del negocio criptoactivo.

Davinciji15 cree que Bitcoin liberará a la humanidad de la esclavitud por las deudas.

Él cree que Bitcoin será el dinero justo y honesto del futuro.

Programador y generador de contenidos web que desde el año 2011 ha venido predicando que Bitcoin es el dinero del futuro y que la manera como está estructurado lo hace el medio más seguro para proteger tu dinero, estima, que veremos el valor de Bitcoin en al menos en $100,000 para el 2021 y que presenciaremos la transferencia de riqueza más grande que jamás hayamos visto.

Difunde sus videos en inglés y español subtitulado.

Sus redes sociales:
Instagram: @davinciji15 – Seguidores: 10.9k
Twitter: @pandoraswallet_ - Seguidores: 4.571
Youtube: Dvinciji15 – Suscriptores: 186.000
Bitcoin.org
PandorasWallet.com
Estatus: Activo

SUNNY DECREE
Vloguero con sede de su canal YT en Suiza.
Temática principal basada en el mercado digital criptográfico.
Analista financiero fundamentado en Bitcoin.

Análisis técnico económico con orientaciones adecuadas para principiantes en criptomonedas, y en especial inclinados hacia el Bitcoin y para operadores de apalancamiento experimentados.

El énfasis de sus publicaciones está en el análisis técnico del dinero digital y la predicción del precio de las criptomonedas.

Generador de contenidos mediante su canal digital de Youtube.

Difunde sus videos en inglés y alemán, aunque su canal está más orientado hacia el inglés.

Sus redes sociales:

Instagram: @sunnydecree.official – Seguidores: 10.4k

Twitter: @sunnydecree – Seguidores: 44,4k

Youtube: sunny decree – Suscriptores: 151.000

LinkedIn: Sunny Decree - + de 500 contactos

Estatus: Activo

Para diciembre de 2019 la plataforma digital YouTube suprimió un número importante de sus videos al punto que le ha suspendido transmisiones en vivo relacionadas con el tema de los criptoactivos, alegando que se trató por fallas originadas en los logaritmos del sistema operativo de dicho canal. Este suceso llamó la atención de los medios y en tres días su canal y servicios fueron restituidos. Actualmente Sunny Decree mantiene en operatividad su canal virtual.

La reciente importancia que los Influencers le han impregnado al marketing digital ha brindado un impulso y prestigio a bienes, productos y servicios que son promocionados, utilizados y consumidos por estas figuras de las redes sociales. Estas, las redes juegan hoy un papel innovador en la difusión de mensajes que invitan a tomar cierta posición ante un mensaje que busca impactar en positivo a la sociedad que hace vida a través de aplicaciones que viajan constantemente en nuestras manos

Los Influencers en la etapa actual del marketing digital son líderes de opinión en el mundo de las nuevas tecnologías; son personas comunes o figuras reconocidas que se han elaborado una muy buena reputación en sus redes sociales, blogs y sus páginas web; incluso en los novedosos y prácticos sistemas de mensajería instantánea, ya que comparten con su comunidad y seguidores sus experiencias, vivencias y conocimientos sobre un tema en particular, sobre el cual se convierte prácticamente en gurús para sus miles de fans.

Ya el término Influencers lo manejamos con más frecuencia y poco a poco las distintas generaciones se adaptan a esta nueva tendencia comunicacional. Tal vez hayas oído hablar de ellos, a quienes llamamos como *bloggers, youtubers* e incluso *instagramers*, pero, en definitiva, a todos los podemos llamar de la misma manera: *Influencers.*

7

GENERANDO GANANCIAS PASIVAS CON BITCOIN Y OTRAS CRIPTOMONEDAS

C omo te habrás dado cuenta a lo largo del desarrollo del libro, actualmente hay varias maneras de generar dinero con las criptomonedas, hay muchas oportunidades. Mientras que hay algunas que son mas riesgosas (y dependen de tu habilidad) como el trading, las plataformas DeFi, etc, hay otras que son mas recomendadas y menos riesgosas, como por ejemplo realizar Hodl (mantener) de una criptomoneda y esperar que su precio suba, si bien este modelo de ganancia es absolutamente pasivo y especulativo, ya que es una estrategia a largo plazo, tenemos otras estrategias que también podrán ayudarte a generar ingresos pasivos, como lo es la estrategia que te voy a presentar a continuación.

Esta estrategia existe hace muchos años, es muy utilizada por los bancos actualmente, aunque en un mayor porcentaje de ganancia, **esta es generar interés con tus activos.**

En el mundo de las criptomonedas ya existe esta modalidad y esta liderada por una de las empresas mas confiables del ambiente: **BlockFi,** la cual esta amparada por el exchange Gemini y personas tan reconocidas en el ambiente como Anthony Pompliano.

BlockFi nos permite transferir nuestros fondos a la plataforma y generar un interés anual que va del 6% (para criptomonedas como Bitcoin) o de casi el 10% con stablecoins (que son criptomonedas que están 1 a 1 con el dólar, como lo son el USDT y USDC por nombrar alfgunas)

Si te interesa esta modalidad, puedes abrir una cuenta de **BlockFi** en el siguiente enlace y **ganar $250 de Bitcoin gratis:**

Ingresa a BlockFi aquí y gana hasta $250 en Bitcoin

En caso de que estes leyendo este libro en la version impresa puedes escanear el siguiente código QR con tu móvil:

LO MAS IMPORTANTE A TENER EN CUENTA CON BITCOIN

P ara concluir con este libro, quisiera agradecerte por tomarte el tiempo de leerlo, quería aclarar algunas cosas antes de culminar. Muchas personas han probado incursionar en las Criptomonedas, algunos con éxito otros con resultados moderados, pero todos con resultados en fin, lo importante es que tengas en mente que el mercado de las Criptomonedas es un mercado muy manipulado, es por esto que te recomiendo que siempre prestes atención a los indicadores que puedas ver en TradingView, ve las señales que te envía, continua aprendiendo sobre el trading, si es que te interesa puedes dedicarte a ellos, pero si no puedes dedicarte a hacer

HODL (el significado de esto dentro de las Criptomonedas está relacionado con comprar monedas cuando hay una baja importante (por ejemplo si Bitcoin está a $58000 y baja a $36500 ahí es donde compras y vas comprando a medida que baja, nunca cuando sube, a esto se le conoce como Dollar Cost Averaging es una estrategia muy usada en el ambiente del trading) y mantener esas criptomonedas por años hasta que estas dupliquen, tripliquen o cuadrupliquen su valor, no es algo poco común en el ambiente, como bien lo han hecho aquellos *early adopters* que compraron Bitcoin cuando valía $0,006 centavos de dólar, hicieron HODL por 14 años y cuando Bitcoin alcanzó su máximo histórico de $20,000 dólares en 2017 y $60,000 en 2021, vendieron todo y se hicieron millonarios. Pero como siempre, escoge el método que más te guste y síguelo bajo tu propio riesgo.

Por ultimo me gustaría saber tus comentarios para seguir nutriendo este libro y poder ayudar a muchas mas personas, para ellos nos ayudarías dejando una review de este libro, con el objetivo de continuar brindando grandes libros a ustedes, mis lectores, a los cuales aprecio mucho.

ENLACES DE INTERES

Pagina para ver los precios de todas las Criptomonedas: https://coinmarketcap.com/

Obtener Bitcoin:

Obtén Bitcoin Gratis Aquí

Generar intereses de mas del 10% en BLOCKFI con tus criptomonedas aqui:

https://blockfi.com/?ref=76971ae9

Trading en Exchanges:

Abre una cuenta de Binance Aquí

Abre una cuenta de BitMex Aquí

Donde comprar Bitcoin de manera segura:

Compra Bitcoins en Coinbase Aquí

Compra Bitcoin de manera segura en CEX.IO aquí

Compra Bitcoin de manera segura en Changelly aquí

Compra Bitcoin de manera segura en Localbitcoins

Donde guardar tus criptomonedas:

Compra la Trezor Model T Aquí

Compra la Trezor Model ONE Aquí

Compra una Ledger Nano S aquí

Graficas de trading en:
www.TradingView.com

Sin más, me despido
Sebastian Andres

¿QUIERES SEGUIR PROFUNDIZANDO EN TU CONOCIMIENTO?

Si este libro te resulto muy útil, déjame contarte que este libro forma parte de la colección *"Criptomonedas en Español"* en donde queremos trasmitirte toda la educación e información actual en base a las criptomonedas mas cotizadas y conocidas (los libros se irán actualizando cada año a medida de los avances).

- Volumen 1: Bitcoin en Español
- Volumen 2: Ethereum en Español
- Volumen 3: Dogecoin en Español
- Volumen 4: Cardano ADA en Español